भक्तियोग

स्वामी विवेकानंद

Neelkanth
Prakashan

प्रकाशक : नीलकंठ प्रकाशन
पता : 4760-61, 23, अंसारी रोड
दरियागंज, नई दिल्ली -110002
फ़ोन: 9810675061
व्हाट्सएप नंबर: +91 9810675061

ईमेल: neelkanthprakashan47@gmail.com

भक्ति योग

स्वामी विवेकानन्द

ISBN: 978-93-6144-414-2

संस्करण:2024

भूमिका

विवेकानंद अपने समय का चलता-फिरता विश्वकोश (इंसाइक्लोपीडिया) थे। उनका साहित्य पढ़ते समय महसूस होता है कि हम ज्ञान के अथाह-सागर में गोते लगा रहे हैं। उन्होंने न सिर्फ अपने देश का बल्कि दुनिया-भर का इतिहास और दर्शन खंगाल डाला था।

विवेकानंद ने शिकागो (अमेरिका) के धर्म-महासभा में मिशनरियों के इस दावे को झुठलाया कि ईसाई धर्म चूंकि विजेताओं का और समृद्धि का धर्म है, यही सच्चा धर्म है और यही आगे चलकर विश्व धर्म बनेगा।

स्वामी विवेकानन्द ने अपने जिन विचारों को संसार के मंच पर रखा, उनका आधार हमारे धार्मिक ग्रन्थ-वेद, स्मृतियाँ, पुराण, ब्राह्मण ग्रन्थ, दर्शन आदि तो थे ही, इसी के साथ उन्होंने अपने जीवन में जिन आध्यात्मिक अनुभवों को प्राप्त किया, उन्हें भी उनमें समाहित किया। प्रस्तुत ग्रन्थ-भक्तियोग में स्वामी जी ने, इसी परिप्रेक्ष्य में भक्ति के नाना भेदों के साधनों का सविस्तार विवेचन करके भक्त के लिए परमात्मा से एकात्म होने का मार्ग प्रशस्त किया है।

अनुक्रमणिका

भक्ति के लक्षण

निष्कपट भाव से ईश्वर की खोज को भक्ति योग कहते हैं। इस खोज का आरम्भ, मध्य और अन्त प्रेम में होता है। ईश्वर के प्रति एक क्षण की भी प्रेमोन्मत्ता हमारे लिए शाश्वत मुक्ति की देनेवाली होती है। भक्ति सूत्र में नारदजी कहते हैं-भगवान् के प्रति उत्कट प्रेम ही भक्ति

जब मनुष्य इसे प्राप्त कर लेता है, तो सभी उसके प्रेम-पात्र बन जाते हैं। वह किसी से घृणा नहीं करता; वह सदा के लिए सन्तुष्ट हो जाता है।

इस प्रेम से किसी काम्य वस्तु की प्राप्ति नहीं हो सकती, क्योंकि जब तक सांसारिक वासनाएँ घर किए रहती हैं, तब तक इस प्रेम का उदय ही नहीं होता।

भक्ति कर्म से श्रेष्ठ है और ज्ञान तथा योग से भी उच्च है, क्योंकि इन सबका एक-न-एक लक्ष्य है ही।

भक्ति स्वयं ही साध्य और साधनस्वरूप है।

हमारे देश के साधु-महापुरुषों के बीच भक्ति ही चर्चा का एक विषय रही है। भक्ति की विशेष रूप से व्याख्या करनेवाले शाण्डिल्य और नारद जैसे महापुरुषों को छोड़ देने पर भी, स्पष्टतः ज्ञानमार्ग के समर्थक, व्याससूत्र के महान् भाष्यकारों ने भी भक्ति के सम्बन्ध में हमें बहुत कुछ दर्शाया है। भले ही उन भाष्यकारों ने, सब सूत्रों की न सही, पर अधिकतर सूत्रों की व्याख्या शुष्क ज्ञान के अर्थ में ही की है, किन्तु यदि हम उन सूत्रों के, और विशेषकर उपासना-काण्ड के सूत्रों के, अर्थ पर निरपेक्ष भाव से विचार करें तो देखेंगे कि उनकी इस प्रकार यथेष्ट व्याख्या नहीं हो सकती।

वास्तव में ज्ञान और भक्ति में उतना अन्तर नहीं, जितना लोगों का अनुमान है। पर जैसा हम आगे देखेंगे, ये दोनों हमें एक ही लक्ष्य-स्थल पर ले जाते हैं। यही हाल राजयोग का भी है। उसका अनुष्ठान जब मुक्ति-लाभ के लिए किया जाता है-भोले-भाले लोगों की आँखों में धूल झोंकने के उद्देश्य से नहीं (जैसा बहुधा ढोंगी और जादू-मन्तरवाले करते हैं)-तो वह भी हमें उसी लक्ष्य पर पर पहुँचा देता है।

भक्तियोग का एक बड़ा लाभ यह है कि वह हमारे चरम लक्ष्य (ईश्वर) की प्राप्ति का सबसे सरल और स्वाभाविक मार्ग है, पर साथ ही उससे एक विशेष भय की आशंका यह है कि वह अपनी निम्न या गौणी अवस्था में मनुष्य को बहुधा भयानक, मतान्ध कौर कट्टर बना देता है। हिन्दू, इस्लाम या ईसाई धर्म में जहाँ कहीं इस प्रकार के धर्मान्ध व्यक्तियों का दल है, वह सदैव ऐसे ही निम्न श्रेणी के भक्तों द्वारा गठित हुआ है। वह इष्ट-निष्ठा, जिसके बिना यथार्थ प्रेम का विकास सम्भव नहीं, अक्सर दूसरे सब धर्मों की निन्दा का भी कारण बन जाती है। प्रत्येक धर्म और देश में जितने दुर्बल और अविकसित बुद्धि वाले मनुष्य हैं, वे अपने आदर्श से प्रेम करने का एक ही उपाय जानते हैं और वह है-अन्य सभी आदर्शों को घृणा की दृष्टि से देखना। इस बात का उत्तर यही मिलता है कि वही मनुष्य, जो धर्म और ईश्वर-सम्बन्धी अपने आदर्श में इतना अनुरक्त है, किसी दूसरे आदर्श को देखते ही या उस सम्बन्ध में कोई बात सुनते ही इतना खूँखार क्यों हो उठता है। इस प्रकार का प्रेम कुछ-कुछ, दूसरों के हाथ से अपने स्वामी की सम्पत्ति की रक्षा करनेवाले एक कुत्ते की सहज प्रवृत्ति के समान है। पर हाँ, कुत्ते की वह सहज प्रेरणा मनुष्य की युक्ति से कहीं श्रेष्ठ है, क्योंकि वह कुत्ता कम-से-कम अपने स्वामी को शत्रु समझकर कभी भ्रमित तो नहीं होता, चाहे उसका स्वामी किसी भी वेष में उसके सामने क्यों न आए। फिर, मतान्ध व्यक्ति अपनी सारी विचार-शक्ति खो बैठता है। व्यक्तिगत विषयों की ओर उसकी इतनी अधिक नजर रहती है कि वह यह जानने का बिलकुल इच्छुक नहीं रह जाता है कि कोई व्यक्ति कहता क्या है-वह सही है या गलत; उसका एकमात्र ध्यान रहता है यह जानने में कि वह बात कहता कौन है। देखोगे, जो व्यक्ति अपने सम्प्रदाय के अपने मतवाले लोगों के प्रति दयालु है, भला और सच्चा है, सहानुभूति सम्पन्न है, वही अपने सम्प्रदाय से बाहर के लोगों के प्रति बुरा-से-बुरा काम करने में भी न हिचकेगा।

पर यह आशंका भक्ति की केवल निम्नतर अवस्था में रहती है। इस अवस्था को 'गौणी' कहते हैं। परन्तु जब भक्ति परिपक्व होकर उस अवस्था को प्राप्त हो जाती

है, जिसे हम 'परा' कहते हैं, तब इस प्रकार की भयानक मतान्धता और कट्टरता की फिर आशंका नहीं रह जाती। इस 'परा' भक्ति से अभिभूत व्यक्ति प्रेमस्वरूप भगवान के इतने निकट पहुँच जाता है कि वह फिर दूसरों के प्रति घृणा-भाव के विस्तार का यन्त्र-स्वरूप नहीं हो सकता।

यह सम्भव नहीं कि इसी जीवन में हममें से प्रत्येक, सामंजस्य के साथ अपना चरित्रगठन कर सके; फिर भी हम जानते हैं कि जिस चरित्र में ज्ञान, भक्ति और योग- इन तीनों का सुन्दर सम्मिश्रण है, वही सर्वोत्तम कोटि का है। एक पक्षी के उड़ने के लिए तीन अंगों की आवश्यकता होती है-दो पंख और पतवारस्वरूप एक पूँछ। ज्ञान और भक्ति मानों दो पंख है और योग पूँछ, जो सामंजस्य बनाए रखता है। जो इन तीनों साधन-प्रणालियों का एक साथ, सामंजस्य-सहित, अनुष्ठान नहीं कर सकते और इसलिए केवल भक्ति को अपने मार्ग के रूप में अपना लेते हैं, उन्हें यह सदैव स्मरण रखना आवश्यक है कि यद्यपि बाह्य अनुष्ठान और क्रियाकलाप आरम्भिक दशा में नितान्त आवश्यक है, फिर भी भगवान् के प्रति प्रगाढ़ प्रेम उत्पन्न कर देने के अतिरिक्त उनकी और कोई उपयोगिता नहीं।

यद्यपि ज्ञान और भक्ति दोनों ही मार्गों के आचार्यों का भक्ति के प्रभाव में विश्वास है, फिर भी उन दोनों में कुछ थोड़ा-सा मतभेद है। ज्ञानी की दृष्टि में भक्ति मुक्ति का एक साधन मात्र है, पर भक्त के लिए वह साधन भी है और साध्य भी। मेरी दृष्टि में तो यह भेद नाम मात्र का है। वास्तव में, जब भक्ति को हम एक साधन के रूप में लेते हैं तो उसका अर्थ केवल निम्नस्तर की उपासना होता है, और वह निम्नस्तर की उपासना ही आगे चलकर 'परा' भक्ति में परिणत हो जाती है। ज्ञानी और भक्त दोनों ही अपनी-अपनी साधन-प्रणाली पर विशेष बल देते हैं; वे यह भूल जाते हैं कि पूर्ण भक्ति के उदय होने से पूर्ण ज्ञान बिना माँगे ही प्राप्त हो जाता है और इसी प्रकार पूर्ण ज्ञान के साथ पूर्ण भक्ति भी आप ही आ जाती है।

इस बात को ध्यान में रखते हुए हम अब यह समझने का प्रयत्न करें कि इस विषय में महान् वेदान्त भाष्यकारों का क्या कथन है। 'आवृत्तिरसकृदुपदेशात्' सूत्र की व्याख्या करते हुए भगवान् श्रीशंकराचार्य कहते हैं- "लोग ऐसा कहते हैं, 'वह गुरु का भक्त है, वह राजा का भक्त है।' और वे यह बात उस व्यक्ति को सम्बोधित कर कहते

हैं, जो गुरु या राजा का अनुसरण करता है और इस प्रकार यह अनुसरण ही जिसके जीवन का ध्येय है। इस प्रकार, जब वे कहते हैं, 'एक पतिव्रता स्त्री अपने विदेश गए पति का ध्यान करती है' तो यहाँ भी एक प्रकार से उत्कण्ठा-युक्त निरन्तर स्मृति को ही लक्ष्य किया गया है।"

शंकाराचार्य के मतानुसार यही भक्ति है।

इसी प्रकार 'अथातो ब्रह्मजिज्ञासा' सूत्र की व्याख्या करते हुए भगवान् रामानुज कहते हैं-

'एक पात्र से दूसरे पात्र में तेल ढालने पर जिस प्रकार वह एक अखण्ड धरा में गिरता है, उसी प्रकार किसी ध्येय वस्तु के निरन्तर स्मरण को ध्यान कहते हैं। जब इस तरह की ध्यानावस्था ईश्वर के सम्बन्ध में प्राप्त हो जाती है तो सारे बन्धन टूट जाते हैं।' इस प्रकार, शास्त्रों में इस निरन्तर स्मरण को मुक्ति का साधन बतलाया गया है। फिर, यह स्मृति दर्शन के ही समान है, क्योंकि उसका तात्पर्य इस शास्त्रोक्त वाक्य के तात्पर्य के ही सदृश है-उसपर और अवर (दूर और समीप) पुरुष के दर्शन से हृदय-ग्रन्थियाँ छिन्न हो जाती हैं, समस्त संशयों का नाश हो जाता है और सारे कर्म क्षीण हो जाते हैं।" जो समीप है, उसके तो दर्शन हो सकते हैं, पर जो दूर है, उसका तो केवल स्मरण किया जा सकता है। फिर भी शास्त्रों का कथन है कि हमें तो उन्हें देखना है, जो समीप है और फिर दूर भी; और इस प्रकार शास्त्र हमें यह दर्शा रहे हैं कि उपर्युक्त प्रकार का स्मरण दर्शन के ही बराबर है। यह स्मृति प्रगाढ़ हो जाने पर दर्शन का रूप धारण कर लेती है। शास्त्रों में प्रमुख स्थानों पर कहा है कि उपासना का अर्थ निरन्तर स्मरण ही है। और ज्ञान भी, जो असकृत् उपासना से अभिन्न है, निरन्तर स्मरण के अर्थ में ही वर्णित हुआ है। अतएव श्रुतियों ने उस स्मृति को, जिसने प्रत्यक्ष अनुभूति का रूप धारण कर लिया है, मुक्ति का साधन बतलाया है। 'आत्मा की अनुभूति न तो नाना प्रकार की विधाओं से हो सकती है, न बुद्धि से और न बारम्बार वेदाध्ययन से। जिसको यह आत्मा वरण करती है, वही इसकी प्राप्ति करता है तथा उसी के सम्मुख आत्मा अपना स्वरूप प्रकट करती है।' यहाँ यह कहने के उपरान्त कि केवल श्रवण, मनन और निदिध्यासन से आत्मोपलब्धि नहीं होती, यह बताया गया है, 'जिसको यह आत्मा वरण करती है, उसी के द्वारा यह प्राप्त होती है।' जो अत्यन्त

प्रिय है, उसी को वरण किया जाता है; जो इस आत्मा से अत्यन्त प्रेम करता है, वही आत्मा का सबसे बड़ा प्रियपात्र है। यह प्रियपात्र जिससे आत्मा की प्राप्ति कर सके, उसके लिए स्वयं भगवान् सहायता देते हैं; क्योंकि भगवान् ने स्वयं कहा है, 'जो मुझमें सतत युक्त हैं और प्रीतिपूर्वक मेरा भजन करते हैं, उन्हें मैं ऐसा बुद्धियोग देता हूं, जिससे वे मुझे प्राप्त हो जाते हैं।' इसीलिए कहा गया है कि जिसे यह प्रत्यक्ष अनुभवात्मक स्मृति अत्यन्त प्रिय है, उसी को परमात्मा वरण करते हैं, वही परमात्मा की प्राप्ति करता है; क्योंकि जिनका स्मरण किया जाता है, उन परमात्मा को यह स्मृति अत्यन्त प्रिय है। यह निरन्तर स्मृति ही 'भक्ति' शब्द द्वारा अभिहित हुई है।

पंतजलि के 'ईश्वरप्रणिधानाद्वा' सूत्र की व्याख्या करते हुए भोज कहते हैं, 'प्राणिधान वह भक्ति है, जिसमें इन्द्रियभोग आदि समस्त फलाकांक्षाओं का त्याग कर सारे कर्म उन परम गुरु परमात्मा को समर्पित कर दिए जाते हैं।'

भगवान् व्यास ने भी इसकी व्याख्या करते हुए कहा है, 'प्रणिधान वह भक्ति है जिससे उस योगी पर परमेश्वर का अनुग्रह होता है और उसकी सारी आकांक्षाएँ पूर्ण हो जाती है।'

शाण्डिल्य के मतानुसार-ईश्वर में परमानुरक्ति ही भक्ति है।'

पराभक्ति की सर्वश्रेष्ठ व्याख्या तो वह है, जो भक्तराज प्रह्लाद ने दी है- 'जैसी तीव्र आसक्ति अविवेकी पुरुषों की इन्द्रिय-विषयों में होती है, (तुम्हारे प्रति) उसी प्रकार की (तीव्र) आसक्ति तुम्हारा स्मरण करते समय कहीं मेरे हृदय से चली न जाय!' यह आसक्ति किसके प्रति? उन्हीं परम प्रभु ईश्वर के प्रति। किसी अन्य पुरुष (चाहे वह कितना ही बड़ा क्यों न हो) के प्रति आसक्ति को कभी भक्ति नहीं कह सकते। इसके समर्थन में एक प्राचीन आचार्य को उद्धृत करते हुए अपने श्रीभाष्य में रामानुज कहते हैं, 'ब्रह्मा से लेकर एक तृणपर्यन्त संसार के समस्त प्राणी कर्मजनित जन्म-मृत्यु के वश में हैं, अतएव अविद्यायुक्त और परिवर्तनशील होने के कारण वे इस योग्य नहीं कि ध्येय-विषय के रूप में वे साधक के ध्यान में सहायक हों।'

शाण्डिल्य के 'अनुरक्ति' शब्द की व्याख्या करते हुए भाष्यकार स्वप्नेश्वर कहते हैं, उसका अर्थ है- 'अनु' यानी पश्चात्, और 'रक्ति' यानी आसक्ति, अर्थात् वह

आसक्ति जो भगवान् के स्वरूप और उनकी महिमा के ज्ञान के पश्चात् आती है। अन्यथा स्त्री, पुत्र आदि किसी भी व्यक्ति के प्रति अन्ध आसक्ति को ही हम 'भक्ति' कहने लगें! अतः हम स्पष्ट देखते हैं कि आध्यात्मिक अनुभूति के निमित्त किए जानेवाले मानसिक प्रयत्नों की परम्परा या क्रम ही भक्ति है, जिसका प्रारम्भ साधारण पूजा-पाठ से होता है और अन्त ईश्वर के प्रति प्रगाढ़ एवं अनन्य प्रेम में।

ईश्वरकास्वरूप

ईश्वर कौन हैं?

जिनसे विश्व का जन्म, स्थिति और प्रलय होता है, वे ही ईश्वर हैं।

वे अनन्त, शुद्ध, नित्यमुक्त, सर्वशक्तिमान, सर्वज्ञ, परमकारुणिक और गुरुओं के भी गुरु हैं।

वे ईश्वर अनिर्वचनीय प्रेमस्वरूप हैं।

ये सब व्याख्याएँ अवश्य सगुण ईश्वर की हैं। तो क्या ईश्वर दो हैं? एक सच्चिदानन्दस्वरूप, जिसे ज्ञानी 'नेति नेति' करके प्राप्त करता है और दूसरा, भक्त का यह प्रेममय भगवान्? नहीं, वह सच्चिदानन्द ही यह प्रेममय भगवान् है, वह सगुण और निर्गुण दोनों है। यह सदैव ध्यान में रखना चाहिए कि भक्त का उपास्य सगुण ईश्वर, ब्रह्म से भिन्न अथवा पृथक् नहीं है। सब-कुछ वही एकमेवाद्वितीय ब्रह्म है। पर हाँ, ब्रह्म का यह निर्गुण स्वरूप अत्यन्त सूक्ष्म होने के कारण प्रेम एवं उपासना के योग्य नहीं। इसीलिए भक्त ब्रह्म के सगुण भाव अर्थात् परम नियन्ता ईश्वर को ही उपास्य के रूप में ग्रहण करता है। उदाहरणार्थ, ब्रह्म मानो मिट्टी या उपादान के सदृश है, जिससे नाना प्रकार की वस्तुएँ निर्मित हुई हैं। मिट्टी के रूप में तो वे सब एक हैं, पर उनका बाह्य आकार अलग-अलग होने से वे भिन्न-भिन्न आकार धारण कर लेती हैं और जब तक आकार बना रहता है, तब तक तो वे पृथक-पृथक ही प्रतीत होती हैं। एक मिट्टी का चूहा कभी मिट्टी का हाथी नहीं हो सकता, क्योंकि गढ़े जाने के बाद उनकी आकृति ही उनमें विशेषत्व पैदा कर देती है, यद्यपि आकृतिहीन मिट्टी की दशा में वे दोनों एक

ही थे। ईश्वर उस निरपेक्ष सत्ता की उच्चतम अभिव्यक्ति है, या यों कहिए, मानव-मन के लिए जहाँ तक निरपेक्ष सत्य की धारणा करना सम्भव है, बस वही ईश्वर है। सृष्टि अनादि है, और उसी प्रकार ईश्वर भी अनादि है।

वेदान्तसूत्र के चतुर्थ अध्याय के चतुर्थ पाद में यह वर्णन करने के पश्चात् कि मुक्ति-लाभ के उपरान्त मुक्तात्मा को एक प्रकार से अनन्त शक्ति और ज्ञान प्राप्त हो जाता है। व्यासदेव एक दूसरे सूत्र में कहते हैं, 'पर किसी को सृष्टि, स्थिति और प्रलय की शक्ति प्राप्त नहीं होगी', क्योंकि यह शक्ति केवल ईश्वर की ही है। इस सूत्र की व्याख्या करते समय द्वैतवादी भाष्यकारों के लिए यह दर्शाना सरल है कि परतन्त्र जीवन के लिए ईश्वर की अनन्त शक्ति और पूर्ण स्वतन्त्रता प्राप्त करना नितान्त असम्भव है। कट्टर द्वैतवादी भाष्यकार मध्याचार्य ने वराहपुराण से एक श्लोक लेकर इस सूत्र की व्याख्या अपनी पूर्वपरिचित संक्षिप्त शैली में की है।

इसी सूत्र की व्याख्या करते हुए भाष्यकार रामानुज कहते हैं, "ऐसा संशय उपस्थित होता है कि मुक्तात्मा को जो शक्ति प्राप्त होती है, उसमें क्या परम पुरुष की जगत्सृष्टि आदि असाधारण शक्ति और सर्वनियन्तृत्व भी अन्तर्भूत हैं? या कि उसे यह शक्ति नहीं मिलती और उसका ऐश्वर्य केवल इतना ही रहता है कि उसे परम पुरुष के साक्षात् दर्शन-भर हो जाते हैं? तो इस पर पूर्वपक्ष यह उपस्थित होता है कि मुक्तात्मा का जगन्नियन्तृत्व प्राप्त करना युक्तियुक्त है; क्योंकि शास्त्र का कथन है, 'वह शुद्धरूप होकर (परम पुरुष के साथ) परम एकत्व प्राप्त कर लेता है' (मुण्डक उपनिषद्, 3/1/3)। अन्य स्थान पर यह भी कहा गया है कि उसकी समस्त वासना पूर्ण हो जाती है। अब बात यह है कि परम एकत्व और सारी वासनाओं की पूर्ति परम पुरुष की असाधारण शक्ति जगन्नियन्तृत्व के बिना सम्भव नहीं। इसलिए जब हम यह कहते हैं कि उसकी सब वासनाओं की पूर्ति हो जाती है तथा उसे परम एकत्व प्राप्त हो जाता है तो हमें यह मानना ही चाहिए कि उस मुक्तात्मा को जगन्नियन्तृत्व की शक्ति प्राप्त हो जाती है। इस सम्बन्ध में हमारा उत्तर यह है कि मुक्तात्मा को जगन्नियन्तृत्व के अतिरिक्त अन्य सब शक्तियाँ प्राप्त हो जाती हैं। जगन्नियन्तृत्व का अर्थ है-विश्व के सारे स्थावर और जंगम के रूप, उनकी स्थिति और वासनाओं का नियन्तृत्व। पर मुक्तात्माओं में यह जगन्निन्तृत्व की शक्ति नहीं रहती। हाँ, उनकी परमात्मदृष्टि का आवरण अवश्य दूर हो जाता है और उन्हें प्रत्यक्ष ब्रह्मानुभूति हो जाती है-बस यही उनका एकमात्र ऐश्वर्य

है। यह कैसे जाना? शास्त्रवाक्य के बल पर। शास्त्र कहते हैं कि जगन्नियन्तृत्व केवल परब्रह्म का गुण है। जैसे-जिससे यह समुदाय उत्पन्न होता है, जिसमें यह समुदाय स्थित रहता है और जिसमें 'प्रलयकाल में' यह समुदाय लीन हो जाता है, तू उसी को जानने की इच्छा कर-वही ब्रह्म है।' यदि यह जगन्नियन्तृत्व-शक्ति मुक्तात्माओं का भी एक साधारण गुण रहे तो उपर्युक्त जीवन फिर ब्रह्म का लक्षण नहीं हो सकता, क्योंकि उसके जगन्नियन्तृत्व-गुण से ही उसका लक्षण प्रतिपादित हुआ है। असाधारण गुणों के द्वारा ही किसी वस्तु की व्याख्या होती है, उसका लक्षण प्रतिपादित होता है। अतः निम्नलिखित शास्त्रवाक्यों में यह प्रतिपादित हुआ है कि परमपुरुष ही जगन्नियमन का कर्ता है, और इन वाक्यों में ऐसी किसी बात का उल्लेख नहीं, जिससे मुक्तात्मा का जन्नियन्तृत्व स्थापित हो सके। शास्त्रवाक्य ये हैं- 'वत्स, आदि में एकमेवाद्वितीय ब्रह्म ही था। उसमें इस विचार का स्फुरण हुआ कि मैं बहु सृजन करूँगा। उसने तेज की सृष्टि की। आदि में केवल ब्रह्म ही था। उसकी उत्क्रान्ति हुई। उससे क्षत्र नामक एक सुन्दर रूप प्रकट हुआ। वरुण, सोम, रुद्र, पर्जन्य, यम, मृत्यु, ईशान-ये सब देवता क्षत्र है। पहले आत्मा ही था; अन्य कुछ भी क्रियाशील नहीं था। उसे सृष्टिसृजन का विचार आया और फिर उसने सृष्टि सृजित कर डाली। एकमात्र नारायण ही थे, न ब्रह्म थे, न ईशान, न द्यावा-पृथ्वी, नक्षत्र, जल, अग्नि, सोम और न सूर्य। अकेले उन्हें आनन्द न आया। ध्यान के अनन्तर उनके एक कन्या हुई-दश-इन्द्रियाँ जो पृथ्वी में वास करते हुए भी पृथ्वी से अलग हैं,...जो आत्मा में रहते हुए... इत्यादि।' दूसरे सूत्र की व्याख्या करते हुए रामानुज कहते हैं।

'यदि तुम कहो कि ऐसा नहीं है, वेदों में तो ऐसे अनेक श्लोक हैं, जो इसका खण्डन करते हैं तो वास्तव में वेदों के उन-उन स्थानों पर केवल निम्न देवलोकों के सम्बन्ध में ही मुक्तात्मा का ऐश्वर्य वर्णित है।' यह भी एक सरल मीमांसा है। यद्यपि रामानुज समष्टि की एकता स्वीकार करते हैं, तथापि उनके मतानुसार इस समष्टि के भीतर नित्य भेद है। अतएव यह मत भी कार्यतः द्वैतभावात्मक होने के कारण जीवात्मा और सगुण ब्रह्म (ईश्वर) में भेद बनाए रखना रामानुज के लिए कोई कठिन कार्य न था।

अब इस सम्बन्ध में प्रसिद्ध अद्वैतवादी का क्या कहना है, यह समझने का प्रयत्न करें। हम देखेंगे कि अद्वैतमत द्वैतमत की समस्त आशाओं और स्पृहाओं की किस

प्रकार रक्षा और पूर्ति करता है, और फिर साथ ही किस प्रकार ब्रह्मभावापन्न मानव-जाति का परमोच्च गति के साथ सामंजस्य रखते हुए अपने भी सिद्धान्त का प्रतिपादन करता है। जो व्यक्ति मुक्ति लाभ के बाद भी अपने व्यक्तित्व की रक्षा से इच्छुक हैं-भगवान् से स्वतन्त्र रहना चाहते हैं, उन्हें अपनी स्पृहाओं को चरितार्थ करने और सगुण ब्रह्म का सम्भोग करने का यथेष्ट अवसर मिलेगा। ऐसे लोगों के बारे में भागवत-पुराण में कहा गया है, 'हे राजन्, हरि के गुण ही ऐसे हैं कि समस्त बन्धनों से मुक्त, आत्माराम ऋषिमुनि भी भगवान् की अहैतुकी भक्ति करते हैं।

सांख्य दर्शन में इन्हीं लोगों को प्रकृतिलीन कहा गया है; सिद्धिलाभ के अनन्तर ये ही दूसरे कल्प में विभिन्न जगत् के शासनकर्ता के रूप में प्रकट होते हैं। किन्तु इनमें से कोई भी कभी ईश्वर-तुल्य नहीं हो पाता। जो ऐसी अवस्था को प्राप्त हो गए हैं, जहाँ न सृष्टि है, न सृष्ट, न स्रष्टा; जहाँ न ज्ञाता है, न ज्ञान और न ज्ञेय; जहाँ न 'मैं' है, न 'तुम' और न 'वह'; जहाँ न प्रमाता है, न प्रमेय और न प्रमाण; जहाँ 'कौन किसको देखे'-वे पुरुष सबसे अतीत हो गए हैं और वहाँ पहुँच गए हैं, जहाँ 'न वाणी पहुँच सकती है, न मन' और जिसे श्रुति 'नेति, नेति' कहकर पुकारती है। परन्तु जो इस अवस्था की प्राप्ति नहीं कर सकते, अथवा जो इच्छा नहीं करते, वे उस एक अविभक्त ब्रह्म को प्रकृति, आत्मा और इन दोनों में ओत-प्रोत एवं इनके आश्रयस्वरूप ईश्वर-इस त्रिधा विभक्त रूप में देखेंगे। जब प्रह्लाद अपने-आपको भूल गए तो उनके लिए न तो सृष्टि रही और न उसका कारण; रह गया केवल नाम-रूप से अविभक्त एक अनन्त तत्व। पर ज्यों ही उन्हें यह बोध हुआ कि मैं प्रह्लाद हूँ, त्यों ही उनके सम्मुख जगत् और कल्याणमय अनन्त गुणागार जगदीश्वर प्रकाशित हो गए। यही अवस्था बड़भागी, नन्दनन्दन-गतप्राणा गोपियों की भी हुई थी। जब तक वे 'अहं'-ज्ञान से शून्य थीं, तब तक वे मानो कृष्ण ही हो गयी थीं। पर ज्यों ही वे कृष्ण को उपास्य-रूप में देखने लगीं, बस त्यों ही वे फिर-से गोपी-की-गोपी हो गयीं, और तब उनके सम्मुख पीताम्बरधारी, माल्याविभूषित, साक्षात् मन्मथ के भी मन को मथ देनेवाले मृदुहास्यरंजित कमलमुख श्रीकृष्ण प्रकट हो गए।

अब हम आचार्य शंकर की बात लें। वे कहते हैं, "अच्छा, जो लोग सगुण ब्रह्मोपासना के बल से परमेश्वर के साथ एक हो जाते हैं, पर साथ ही जिनका मन

अपना पृथक् अस्तित्व बनाए रखता है, उनका ऐश्वर्य ससीम होता है या असीम? यह संशय आने पर पूर्वपक्ष उपस्थित होता है कि उनका ऐश्वर्य असीम है, क्योंकि शास्त्रों का कथन है, 'उन्हें स्वराज्य प्राप्त हो जाता है, सब देवता उनकी पूजा करते हैं, सारे लोकों में उनकी कामनाएँ पूर्ण हो जाती हैं। "इसके उत्तर में व्यास कहते हैं, 'हाँ, जगत् की सृष्टि आदि की शक्ति को छोड़कर।" मुक्तात्मा को सृष्टि, स्थिति और प्रलय की शक्ति से अतिरिक्त अन्य सब अणिमादि शक्तियाँ प्राप्त हो जाती हैं। रहा जगत् का नियन्तृत्व, वह तो केवल नित्यसिद्ध ईश्वर का होता है। कारण कि शास्त्रों में जहाँ-जहाँ पर सृष्टि आदि की बात आयी हैं, उन सभी स्थानों में ईश्वर की ही बात कही गयी है। वहाँ पर मुक्तात्माओं का कोई प्रसंग नहीं है। जगत् के परिचालन में केवल उन्हीं परमेश्वर का हाथ है। सृष्टि आदि सम्बन्धी सारे श्लोक उन्हीं का निर्देश करते हैं। 'नित्यसिद्ध' विशेषण भी दिया गया है। शास्त्र यह भी कहते हैं कि अन्य जनों की अणिमादि शक्तियाँ ईश्वर की उपासना तथा ईश्वर के अन्वेषण से ही प्राप्त होती हैं। ये शक्तियाँ असीम नहीं है। अतएव, जगन्नियन्तृत्व में उन लोगों का कोई स्थान नहीं। फिर वे अपने मन का पृथक् अस्तित्व बनाए रखते हैं, इसलिए यह सम्भव है कि उनकी इच्छाएँ अलग-अलग हों। हो सकता है कि एक सृष्टि की इच्छा करे, तो दूसरा विनाश की। यह द्वन्द्व दूर करने का एकमात्र उपाय यही है कि वे सब इच्छाएँ अन्य किसी एक इच्छा के अधीन कर दी जाएँ। अतः सिद्धान्त यह निकला कि मुक्तात्माओं की इच्छाएँ परमेश्वर की इच्छा के अधीन हैं।"

अतएव भक्ति केवल सगुण ब्रह्म के प्रति की जा सकती है। गीता के अनुसार- देहाभिमानियों को अव्यक्त गति कठिनता से प्राप्त होती है।' हमारे स्वभावरूपी स्रोत के साथ सामंजस्य रखते हुए भक्ति प्रवाहित होती है। यह सत्य है कि ब्रह्म के मानवी भाव के अतिरिक्त हम किसी दूसरे भाव की धारणा नहीं कर सकते। पर क्या यही बात हमारी ज्ञात प्रत्येक वस्तु के सम्बन्ध में भी नहीं घटती? संसार के सर्वश्रेष्ठ मनोवैज्ञानिक भगवान् कपिल ने सदियों पहले यह दर्शा दिया था कि हमारे समस्त बाह्य और आन्तरिक विषय-ज्ञानों और धारणाओं में मानवी ज्ञान एक उपादान है। अपने शरीर से लेकर ईश्वर तक यदि हम विचार करें तो प्रतीत होगा कि हमारे अनुभव की प्रत्येक वस्तु दो बातों का मिश्रण है-एक है यह मानवी ज्ञान और दूसरी है एक अन्य वस्तु-

फिर यह अन्य वस्तु चाहे जो हो। इस अवश्यम्भावी मिश्रण को ही हम साधारणतया 'सत्य' समझा करते हैं। और सचमुच, आज या भविष्य में, मानव-मन के लिए सत्य का ज्ञान जहाँ तक सम्भव है, वह इसके अतिरिक्त और अधिक कुछ नहीं। अतएव यह कहना कि ईश्वर मानव धर्मवाला होने के कारण असत्य है, निरी मूर्खता है। यह बहुत-कुछ पाश्चात्य विज्ञानवाद और सर्वास्तित्ववाद के झगड़े के सदृश है। यह सारा झगड़ा केवल इस 'सत्य' शब्द के उलट-फेर पर आधारित है। 'सत्य' शब्द से जितने भाव सूचित होते हैं, वे समस्त भाव 'ईश्वरभाव' में आ जाते हैं। ईश्वर उतना ही सत्य है जितनी विश्व की अन्य कोई वस्तु। और वास्तव में, 'सत्य' शब्द यहाँ पर जिस अर्थ में प्रयुक्त हुआ है, उससे अधिक 'सत्य' शब्द का और कोई अर्थ नहीं। यही हमारी ईश्वर-सम्बन्धी दार्शनिक धारणा है।

भक्तियोग का ध्येय - प्रत्यक्षानु भूति

भक्त के लिए इन सब शुष्क विषयों की जानकारी बस इसलिए आवश्यक है कि वह अपनी इच्छाशक्ति दृढ़ बना सके; इससे अधिक उसकी और कोई उपयोगिता नहीं। कारण, वह एक ऐसे पथ पर चला है, जो शीघ्र ही उसे युक्ति के धुंधले और अशान्तिमय राज्य की सीमा से बाहर निकाल प्रत्यक्ष अनुभूति के राज्य में ले जाएगा। ईश्वर की कृपा से वह शीघ्र एक ऐसी अवस्था में पहुँच जाता है, जहाँ पाण्डित्य-गर्वियों की प्रिय अक्षम युक्ति बहुत पीछे छूट जाती है। वहाँ बुद्धि के सहारे अँधेरे में टटोलना नहीं पड़ता, वहाँ तो प्रत्यक्ष-अनुभव सूर्य की उज्जवल रश्मियों से सब-कुछ आलोकित हो जाता है। तब वह और विचार या विश्वास नहीं करता, तब तो वह प्रत्यक्ष देखता है। वह और युक्ति-तर्क नहीं करता, वरन् प्रत्यक्ष अनुभव करता है। और क्या ईश्वर का यह साक्षात्कार, यह अनुभव, यह उपभोग अन्यायन्य विषयों से कहीं श्रेष्ठ नहीं है? यही नहीं, बल्कि ऐसे भी भक्त हैं, जिन्होंने घोषणा की है कि वह तो मुक्ति से भी श्रेष्ठ है। और यह क्या हमारे जीवन का सर्वोच्च प्रयोजन भी नहीं है? संसार में ऐसे बहुत-से लोग हैं, जिनकी यह पक्की धारणा है कि केवल वही वस्तु उपयोगी है, जिससे मनुष्य को पाशविक सुख प्राप्त होते हैं; यहाँ तक कि धर्म, ईश्वर, परकाल, आत्मा आदि भी उनके किसी काम के नहीं, क्योंकि उन्हें उनसे धन या शारीरिक सुख प्राप्त नहीं होते! उनके लिए ऐसी सारी वस्तुएँ, जो इन्द्रियों को चरितार्थ नहीं करतीं, जिनसे वासनाओं की तृप्ति नहीं होती, किसी भी काम की नहीं। फिर,

प्रत्येक मन की विशिष्ट आकांक्षाओं के अनुसार उपयोगिता का रूप भी बदलता रहता है। जिस व्यक्ति को जिस वस्तु की आवश्यकता होती है, उसे वही सबसे उपयोगी जान पड़ती है। अतः उन लोगों के लिए, जो खाने-पीने, वंशवृद्धि करने और फिर मर जाने के सिवा और कुछ नहीं जानते, इन्द्रिय-सुख ही एकमात्र लाभ करने योग्य वस्तु है! ऐसे लोगों के हृदय में उच्चतर विषय के लिए थोड़ी-सी भी स्पृहा जगने के लिए अनेक जन्म लग जाएँगे, पर जिनके लिए आत्मोन्नति के साधन ऐहिक जीवन के क्षणिक सुख-भोगों से अधिक महत्त्वपूर्ण हैं, जिनकी दृष्टि में इन्द्रियों की तुष्टि केवल एक नासमझ बच्चे के खिलवाड़ के समान है, उनके लिए भगवान् और भगवत्प्रेम ही मानव-जीवन का सर्वोच्च एवं एकमात्र प्रयोजन है। ईश्वर की कृपा है कि आज भी यह घोर भोगलिप्सापूर्ण संसार ऐसे महात्माओं से बिलकुल शून्य नहीं हो गया है।

पहले कहा जा चुका है कि भक्ति दो प्रकार की होती है, 'गौणी' और 'परा'। 'गौणी' का अर्थ है साधन-भक्ति, अर्थात् जिसमें हम भक्ति को एक साधन के रूप में लेते हैं, और 'परा' इसी की परिपक्वावस्था है। क्रमशः हम समझ सकेंगे कि इस भक्तिमार्ग में अग्रसर होने के लिए साधनावस्था में कुछ बाह्य सहायता लिए बिना काम नहीं बनता। और वास्तव में सभी धर्मों के पौराणिक और रूपक भाग आप ही आ उपस्थित होते हैं तथा उन्नतिकामी आत्मा की प्रारम्भिक अवस्था में उसे ईश्वर की ओर बढ़ने में सहायता देते हैं। यह भी एक महत्त्वपूर्ण बात है कि बड़े-बड़े धर्मात्मा उन्ही धर्मसम्प्रदायों में हुए हैं, जिनमें पौराणिक भावों और क्रिया-अनुष्ठानों की प्रचुरता है। जो सब शुष्क, मतान्य धर्म-प्रणालियाँ इस बात का प्रयत्न करती हैं कि जो कुछ कवित्वमय, सुन्दर और महान् है, जो कुछ भगवत्प्राप्ति के मार्ग में गिरते-पड़ते अग्रसर होनेवाले सुकुमार मन के लिए अवलम्बनस्वरूप है, उस सबको नष्ट कर डालें; जो धर्मप्रणालियाँ धर्म-प्रसाद के आधारस्वरूप स्तम्भों को ही ढहा देने का प्रयत्न करती हैं; जो सत्य के सम्बन्ध में अज्ञान और भ्रम पूर्ण धारणा लेकर इस बात की यत्नशील हैं कि जो कुछ जीवन के लिए संजीवनीस्वरूप है, जो कुछ मानवात्मारूपी क्षेत्र में लहलहाती हुई धर्म-प्रणालियों को यह शीघ्र अनुभव हो जाता है कि उनमें जो कुछ रह गया है, वह है केवल एक खोखलापन-अनन्त शब्दराशि और कोरे तर्क-वितर्कों का एक स्तूप मात्र, जिसमें शायद एक प्रकार की सामाजिक सफाई या तथाकथित सुधार

की थोड़ी-सी गन्ध बच रही है। जिनका धर्म इस प्रकार का है, उनमें से अधिकतर लोग जानते या न जानते हुए जड़वादी हैं; उनके ऐहिक तथा परलौकिक जीवन का ध्येय केवल भोग है; वही उनकी दृष्टि में मानव-जीवन का सर्वस्व है, वही उनका इष्टापूर्त है। मनुष्य के ऐहिक सुख-स्वाच्छन्द्य के लिए रास्ता साफ कर देना आदि कार्य ही उनके मत में मानव-जीवन का सर्वस्व हैं। अज्ञान और मतान्धता के इस विचित्र मिश्रण में रँगे हुए ये लोग जितने शीघ्र अपने असली रंग में आ जाएँ और जितनी जल्दी नास्तिकों और जड़वादियों के दल में जाकर शामिल हो जाएँ (क्योंकि असल में वे हैं उसी के योग्य), संसार का उतना ही मंगल है। धर्मानुष्ठान और आध्यात्मिक अनुभूति का एक छोटा-सा कण भी ढेरों थोथी बकवासों और अन्धी भावुकता से कहीं बढ़कर है। हमें कहीं एक भी तो ऐसा आध्यात्मिक दिग्गज दिखा दो, जो अज्ञान और मतान्धता की इस ऊसर भूमि से उपजा हो। यदि यह न कर सको, तो बन्द कर लो अपना मुँह; खोल दो अपने हृदय के कपाट, जिससे सत्य की शुभ्रोज्ज्वल किरणें भीतर प्रवेश कर सकें, और जाओ उन भारत-गौरव ऋषि-मुनियों की शरण में, जिनके प्रत्येक शब्द के पीछे प्रत्यक्ष अनुभूति का बल है। आओ, हम सब अबोध शिशु के समान उनके चरणों में बैठें और ध्यानपूर्वक सुनें उनके उपदेश।

गुरु की आवश्यकता

प्रत्येक जीवात्मा का पूर्णत्व प्राप्त कर लेना बिलकुल निश्चित है और अन्त में सभी इस पूर्णावस्था की प्राप्ति कर लेंगे। हम वर्तमान जीवन में जो कुछ हैं, वह हमारे पूर्व जीवन के कर्मों और विचारों का फल है, और हम जो कुछ भविष्य में होंगे, वह हमारे अभी के कर्मों और विचारों का फल होगा। पर हम स्वयं ही अपना भाग्य निर्माण कर रहे हैं। इससे यह न समझ बैठना चाहिए कि हमें किसी बाहरी सहायता की आवश्यकता नहीं, बल्कि अधिकतर अवसरों पर तो इस प्रकार की सहायता परम आवश्यकता होती है। जब ऐसी सहायता प्राप्त होती है, तो आत्मा की उच्चतर शक्तियाँ और आपाततः अव्यक्त प्रतीत होनेवाले भाव विकसित हो उठते हैं, आध्यात्मिक जीवन जागृत हो जाता है, उसकी उन्नति वेगवती हो जाती है और अन्त में साधक पवित्र और सिद्ध हो जाता है।

यह संजीवनी शक्ति पुस्तकों से नहीं मिल सकती। इस शक्ति की प्राप्ति तो एक आत्मा एक दूसरी आत्मा से ही कर सकती है-अन्य किसी से नहीं। हम भले ही सारा जीवन पुस्तकों का अध्ययन करते रहें और बड़े बुद्धिजीवी हो जाएँ, परन्तु अन्त में हम देखेंगे कि हमारी तनिक भी आध्यात्मिक उन्नति नहीं हुई है। यह बात सत्य नहीं कि बौद्धिक उन्नति के साथ-साथ आध्यात्मिक उन्नति भी होगी। पुस्तकों का अध्ययन करते समय हमें कभी-कभी यह भ्रम हो जाता है कि इससे हमें आध्यात्मिक मार्ग में सहायता मिल रही है। पर यदि हम ऐसे अध्ययन से अपने में होनेवाले फल का विश्लेषण करें तो देखेंगे कि उससे, अधिक-से-अधिक, हमारी बुद्धि को ही कुछ लाभ

होता है, हमारी अन्तरात्मा को नहीं। पुस्तकों का अध्ययन हमारे आध्यात्मिक विकास के लिए पर्याप्त नहीं है। यही कारण है कि यद्यपि हममें से लगभग सभी आध्यात्मिक विषयों पर बड़ी पाण्डित्यपूर्ण बातें कर सकते हैं, किन्तु जब उन बातों को कार्यरूप में घटाने का-यथार्थ आध्यात्मिक जीवन बिताने का अवसर आता है तो हम अपने को सर्वथा अयोग्य पाते हैं। जीवात्मा की शक्ति को जागृत करने के लिए किसी दूसरी आत्मा से ही शक्ति का संचार होना चाहिए।

जिस व्यक्ति की आत्मा से दूसरी आत्मा में शक्ति का संचार होता है, वह गुरु कहलाता है और जिसकी आत्मा में यह शक्ति संचारित होती है, उसे शिष्य कहते हैं। किसी भी आत्मा में इस प्रकार शक्तिसंचार करने के लिए पहले तो, जिस आत्मा से यह संचार होता हो, उसमें स्वयं इस संचार की शक्ति विद्यमान रहे, और दूसरे, जिस आत्मा में यह शक्ति संचारित की जाय, वह इसे ग्रहण करने योग्य हो। बीज भी उम्दा और सजीव रहे एवं जमीन भी अच्छी जोती हुई हो और जब ये दोनों बातें मिल जाती हैं तो वहाँ प्रकृत धर्म का अपूर्व विकास होता है। यथार्थ धर्म-गुरु में अपूर्व योग्यता होनी चाहिए, और उसके शिष्य को भी कुशल होना चाहिए। जब दोनों ही अद्भुत और असाधारण होते हैं, तभी अद्भुत आध्यात्मिक जागृति होती है, अन्यथा नहीं। ऐसे ही पुरुष वास्तव में सच्चे गुरु होते हैं, और ऐसे ही व्यक्ति आदर्श शिष्य या आदर्श साधक कहे जाते हैं। अन्य सब लोगों के लिए तो आध्यामिकता बस एक खिलवाड़ है। उनमें बस थोड़ा-सा एक कौतूहल भी उत्पन्न हो गया है, बस थोड़ी-सी बौद्धिक स्पृहा-भर जग गयी है, परन्तु वे अभी भी धर्मक्षितिज की बाहरी सीमा पर ही खड़े हैं। इसमें सन्देह नहीं कि इसका भी कुछ महत्त्व अवश्य है, क्योंकि हो सकता है, कुछ समय बाद यही भाव सच्ची धर्म-पिपासा में परिवर्तित हो जाय। और यह भी प्रकृति का एक बड़ा अद्भुत नियम है कि ज्योंही भूमि तैयार हो जाती है, त्यों ही बीज को आना ही चाहिए, और वह आता भी है। ज्यों ही आत्मा की धर्मपिपासा प्रबल होती है, त्योंही धर्मशक्तिसंचारक पुरुष को उस आत्मा की सहायता के लिए आना ही चाहिए, और वे आते भी हैं। जब गृहीता की आत्मा में धर्म-प्रकाश की आकर्षण-शक्ति पूर्ण और प्रबल हो जाती है तो इस आकर्षण से आकृष्ट प्रकाशदायिनी शक्ति स्वयं ही आ जाती है।

परन्तु इस मार्ग में कुछ खतरे भी हैं। उदाहरणार्थ, इस बात का डर है कि गृहीता आत्मा क्षणिक भावुकता को कहीं वास्तविक धर्मपिपासा न समझ बैठे। हम अपने

जीवन में ही इसका परीक्षण कर सकते हैं। हमारे जीवन-काल में कई बार ऐसा होता है कि हमारे एक अत्यन्त प्रिय व्यक्ति की मृत्यु हो जाती है और उससे हमें बड़ा आघात पहुँचता है। तब हमें ऐसा प्रतीत होता है कि हम जिसे पकड़ने जाते हैं, वही हमारे हाथों से निकला जा रहा है, मानो पैरों तले से जमीन खिसकी जा रही है; हमारी आँखों में अँधेरा छा जाता है, हमें किसी दृढ़तर और उच्चतर आश्रय की आवश्यकता अनुभव होती है और हम सोचते हैं कि अब हमें अवश्य धार्मिक हो जाना चाहिए। कुछ दिनों बाद वह भाव-तरंग नष्ट हो जाती है और हम जहाँ थे, वहीं-के-वहीं रह जाते हैं। हममें से सभी बहुधा ऐसी भाव-तरंगों को वास्तविक धर्मपिपासा समझ बैठते हैं। और जब तक हम उन क्षणिक आवेशों के धोखे में रहेंगे, तब तक धर्म के लिए सच्ची और स्थायी व्याकुलता नहीं आयेगी; तब तक हम ऐसा पुरुष नहीं मिलेगा, जो हममें धर्म-संचार कर सके। अतएव जब कभी हममें यह भावना उदित हो कि 'अरे! मैंने सत्य की प्राप्ति के लिए इतना प्रयत्न किया, फिर भी कुछ न हुआ; मेरे सारे प्रयत्न व्यर्थ ही हुए!' -तो उस समय ऐसी शिकायत करने के बदले हमारा प्रथम कर्तव्य यह होगा कि हम अपने-आपसे ही पूछे, अपने हृदय को टटोलें और देखें कि हमारी वह स्पृहा यथार्थ है अथवा नहीं। ऐसा करने पर पता चलेगा कि अधिकतर स्थलों पर हम सत्य को ग्रहण करने के उपयुक्त नहीं थे, हममें धर्म के लिए सच्ची पिपासा नहीं थी।

फिर, शक्तिसंचारक गुरु के सम्बन्ध में तो और भी बड़े-बड़े खतरों की सम्भावना है। बहुत-से लोग ऐसे होते हैं, जो स्वयं होते तो बड़े अज्ञानी हैं, परन्तु फिर भी अहंकारवश अपने को सर्वज्ञ समझते हैं। इतना ही नहीं बल्कि दूसरों को भी अपने कन्धों पर ले जाने को तैयार रहते हैं। इस प्रकार अन्धा अन्धे का अगुआ बन दोनों ही गड्ढे में गिर पड़ते हैं। अज्ञान से घिरे हुए, अत्यन्त निर्बुद्ध होने पर भी अपने को महापण्डित समझनेवाले मूढ़ व्यक्ति, अन्धे के नेतृत्व में चलनेवाले अन्धों के समान चारों ओर ठोकरें खाते हुए भटकते फिरते हैं। संसार तो ऐसे लोगों से भरा पड़ा है। हर एक आदमी गुरु होना चाहता है। एक भिखारी भी चाहता है कि वह लाखों का दान कर डाले! जैसे हास्यास्पद ये भिखारी हैं, वैसे ही ये गुरु भी!

पराभक्ति-त्याग

अब तक हमने गौणी भक्ति के बारे में चर्चा की। अब हम पराभक्ति का विवेचन करेंगे। इस पराभक्ति के अभ्यास में लगने के लिए एक विशेष साधन की बात बतलानी हैं। सब प्रकार की साधनाओं का उद्देश्य है-आत्मशुद्धि। नाम-जप, कर्मकाण्ड, प्रतीक, प्रतिमा आदि केवल आत्मशुद्धि के लिए हैं, पर शुद्धि की इन सब साधनाओं में त्याग ही सबसे श्रेष्ठ है। इसके बिना कोई भी पराभक्ति के क्षेत्र में प्रवेश नहीं कर सकता। त्याग की बात सुनते ही बहुत-से लोग डर जाते हैं; पर इसके बिना किसी प्रकार की आध्यात्मिक उन्नति सम्भव नहीं। सभी प्रकार के योग में यह त्याग आवश्यक है। यह त्याग ही सारी आध्यात्मिकता का प्रथम सोपान है, उसका सार है-यही वास्तविक धर्म है। जब मानवात्मा संसार की समस्त वस्तुओं को दूर फेंक, गम्भीर तत्त्वों के अनुसन्धान में लग जाती है, जब वह समझ लेती है कि मैं देहरूप जड़ में बद्ध होकर स्वयं जड़ हुई जा रही हूँ और क्रमशः विनाश की ओर ही बढ़ रही हूँ-और ऐसा समझकर जब वह जड़ पदार्थ से अपना मुँह मोड़ लेती है, तभी त्याग आरम्भ होता है, तभी वास्तविक आध्यात्मिकता की नींव पड़ती है। कर्मयोगी सारे कर्मफलों का त्याग करता है; वह जो कुछ कर्म करता है, उसके फल में वह आसक्त नहीं होता। वह ऐहिक अथवा परलौकिक किसी प्रकार के फलोपभोग की परवाह नहीं करता। राजयोगी जानता है कि सारी प्रकृति का लक्ष्य आत्मा को भिन्न-भिन्न प्रकार के सुख-दुःखात्मक अनुभव प्राप्त कराना है, जिसके फलस्वरूप आत्मा यह जान ले कि वह प्रकृति से नित्य पृथक् और स्वतन्त्र है। मानवात्मा को यह भली-भाँति जान लेना होगा

कि वह नित्य आत्मस्वरूप है और भूतों के साथ उसका संयोग केवल सामयिक है, क्षणिक है। राजयोगी प्रकृति के अपने नानाविध सुख-दुःखों के अनुभवों से वैराग्य की शिक्षा पाता है। ज्ञानयोगी का वैराग्य सबसे कठिन है, क्योंकि आरम्भ से ही उसे यह जान लेना पड़ता है कि यह ठोस दिखनेवाली प्रकृति निरी मिथ्या है। उसे यह समझ लेना पड़ता है कि प्रकृति में जो कुछ शक्ति का विकास दिखता है, वह सब आत्मा की ही शक्ति है, प्रकृति की नहीं। उसे आरम्भ से ही यह जान लेना पड़ता है कि सारा ज्ञान और अनुभव आत्मा में ही है, प्रकृति में नहीं; और इसलिए उसे केवल विचारजन्य धारणा के बल से एकदम प्रकृति के सारे बन्धनों को छिन्न-भिन्न कर डालना पड़ता है। प्रकृति और प्राकृतिक पदार्थों की ओर वह देखता तक नहीं, वे सब उड़ते दृश्यों के समान उसके सामने से लुप्त हो जाते हैं। वह स्वयं कैवल्यपद में अवस्थित होने का प्रयत्न करता है।

सब प्रकार के वैराग्यों में भक्तियोगी का वैराग्य सबसे स्वाभाविक है। उसमें न कोई कठोरता है, न कुछ छोड़ना पड़ता है, न हमें अपने-आपसे कोई वस्तु छोड़नी पड़ती है, और न बलपूर्वक किसी वस्तु से हमें अपने-आपको अलग ही करना पड़ता है। भक्त का त्याग तो अत्यन्त सहज और स्वाभाविक होता है। इस प्रकार का त्याग, बहुत-कुछ विकृत रूप में, हम प्रतिदिन अपने चारो ओर देखते हैं। उदाहरणार्थ, एक मनुष्य एक स्त्री से प्रेम करता है। कुछ समय बाद वह दूसरी स्त्री से प्रेम करनेलगता है और पहली स्त्री को छोड़ देता है। वह पहली स्त्री धीरे-धीरे उसके मन से पूर्णतया चली जाती है और उस मनुष्य को उसकी याद तक नहीं आती- उस स्त्री का अभाव तक उसेमहसूस नहीं होता। एक स्त्री एक मनुष्य से प्रेम करती है, कुछ दिनों बादवह दूसरे मनुष्य से प्रेम करने लगती है और पहला आदमी उसके मन से सहज ही उतर जाता है। किसी व्यक्ति को अपने शहर से प्यार होता है। फिर वह अपने देश को प्यार करने लगता है, और तब उसका अपने उस छोटे-से शहर के प्रति उत्कट प्रेम धीरे-धीरे, स्वाभाविक रूप से चला जाता है। फिर जब वही मनुष्य सारे संसार को प्यार करने लगता है, तब उसका स्वदेशानुराग, अपने देश के प्रति प्रबल और उन्मत्त प्रेम धीरे-धीरे चलाजाता है।इससे उसे कोई कष्ट नहीं होता। यह भाव दूर करने के लिए उसे किसी प्रकार की जोर-जब रदस्ती नहीं करनी पड़ती। एक अशिक्षित मनुष्य इन्द्रिय-

सुखों में उन्मत्त रहता है। जैसे-जैसे वह शिक्षित होता जाता है, वैसे-वैसे ज्ञान-चर्चा में उसे अधिक सुख मिलने लगता है, और उसके विषय-भोग भी धीरे-धीरे कम होते जाते हैं। एक कुत्ता अथवा भेड़िया जितनी रुचि से अपना भोजन करता है, उतना आनन्द किसी मनुष्य को अपने भोजन में नहीं आता। परन्तु जो आनन्द मनुष्य को बुद्धि और बौद्धिक कार्यों से प्राप्त होता है, उसका अनुभव एक कुत्ता कभी नहीं कर सकता। पहले-पहल इन्द्रियों से सुख होता है; परन्तु ज्यों-ज्यों प्राणी उच्चत अवस्था को प्राप्त होता जाता है, त्यों-त्यों इन्द्रिय जन्य सुखों में उसकी आसक्ति कम होती जाती है। मानव-समाज में भी देखा जाता है कि मनुष्य की प्रवृत्ति जितनी पशुत होती है, वह उतनी ही तीव्रता से इन्द्रियों में सुख का अनुभव करता है। पर वह जितना ही शिक्षित और उच्च अवस्था को प्राप्त होता जाता है, उतना ही उसे बुद्धि-सम्बन्धी तथा इसी प्रकार की अन्य सूक्ष्म तर बातों में आनन्द मिलने लगता है। इसी तरह, जब मनुष्य बुद्धि और मनोवृत्ति के भी अतीत होजाता है और आध्यात्मिकता तथा ईश्वरानुभूति के क्षेत्र में विचरता है तो उसे वहाँ ऐसा अपूर्व आनन्द प्राप्त होता है कि उसकी तुलना में सारा इन्द्रिय जन्य सुख यहाँ तक कि बुद्धि से मिलने वाला सुख भी बिलकुल तुच्छ प्रतीत होता है। जब चन्द्रमा चारों ओर अपनी शुभ्रोज्ज्वल किरणें बिखेरता है तो तारे धुंधले पड़ जाते हैं, परन्तु सूर्य के प्रकट होने से चन्द्रमा स्वयं ही निष्प्रद हो जाता है। भक्ति के लिए जिस वैराग्य की आवश्यकता होती है, उसके प्राप्त करने के लिए किसी का नाश करने की आवश्यकता नहीं होती। वह वैराग्य तो स्वभावतः ही आ जाता है। जैसे बढ़ते हुए तेज प्रकाश के सामने मन्द प्रकाश धीरे-धीरे स्वयं ही धुँधला होता जाता है और अन्त में बिलकुल विलीन हो जाता है, उसी प्रकार इन्द्रिय जन्य तथा बुद्धि जन्य सुख ईश्वर-प्रेम के समक्ष आप-ही-आप धीरे-धीरे धुंधले होकर अन्त में निष्प्रभ हो जाते हैं। यही ईश्वर-प्रेम क्रमशः बढ़ते हुए एक ऐसा रूप धारण कर लेता है, जिसे पराभक्ति कहते हैं। *तब तो इस प्रेमिक पुरुष के लिए अनुष्ठान की और आवश्यकता नहीं रह जाती, शास्त्रों का कोई प्रयोजन नहीं रह जाता; प्रतिमा, मन्दिर, गिरजे, विभिन्न धर्म-सम्प्रदाय, देश, राष्ट्र-ये सब छोटे-छोटे सीमित भाव और बन्धन अपने-आप ही चले जाते हैं। तब संसार में ऐसी कोई भी वस्तु नहीं बची रहती, जो उसको बाँध सके, जो उसकी स्वाधीनता को नष्ट कर सके। जिस प्रकार किसी चुम्बक*

की चट्टान के पास एक जहाज के आ जाने से उस जहाज की सारी कीलें तथा लोहे की छड़ें खिंचकर निकल आती हैं और जहाज के तख्ते आदि खुलकर पानी में तैरने लगते हैं, उसी प्रकार प्रभु की कृपा से आत्मा के सारे बन्धन दूर हो जाते हैं और वह मुक्त हो जाती है। अतएव भक्ति लाभ के उपायस्वरूप इस वैराग्य-साधन में न तो किसी प्रकार की कठोरता है, न शुष्कता और न किसी प्रकार की जबरदस्ती ही। भक्त को अपने किसी भी भाव का दमन करना नहीं पड़ता, प्रत्युत वह तो सब भावों को प्रबल करके भगवान् की ओर लगा देता है।

भक्तकावैराग्य-प्रेमजन्य

प्रकृति में सर्वत्र हम प्रेम का विकास देखते हैं। मानव-समाज में जो कुछ सुन्दर और महान ्है, वह समस्त प्रेम-प्रसूत है; फिर जो कुछ खराब, यही नहीं, बल्कि पैशाचिक है, वह भी उसी प्रेम भाव का विकृत रूप है। पति-पत्नी का विशुद्ध दाम्पत्य-प्रेम और अति नीच काम वृत्ति दोनों उस प्रेम के ही दो रूप हैं। भाव एक ही है, पर भिन्न अवस्था में उसके भिन्न-भिन्न रूप होते हैं। यह एक ही प्रेम एक ओर तो मनुष्य को भलाई करने और अपना सब कुछ गरीबों को बाँट देने के लिए प्रेरित करता है, फिर दूसरी ओर वही एक-दूसरे मनुष्य को अपने बन्धु-बान्धवों का गला काटने औरउनका सर्वस्व अपहरण कर लेने की प्रेरणा देता है। यह दूसरा व्यक्ति जिस प्रकार अपने-आप से प्यार करता है, पहला व्यक्ति उसी प्रकार दूसरों से प्यार करता है।पहली दशा में प्रेम की गति ठीक और उचित दिशा में है, पर दूसरी दशा में वही बुरी दिशा में। जो आग हमारे लिए भोजन पकाती है, वह एक बच्चे को जला भी सकती है; किन्तु इसमें आग का कोई दोष नहीं। उसका जैसा उपयोग किया जाएगा, वैसा फल मिलेगा।अतएव यह प्रेम, यह प्रबल आसंगस्पृहा, दो व्यक्तियों के एक प्राण हो जाने की यह तीव्र आकांक्षा, और सम्भवतः, अन्त में सबकी उस एक स्वरूप में विलीन हो जाने की इच्छा, उत्तमया अधम रूप से सर्वत्र प्रकाशित है।

भक्तियोग उच्चतर प्रेम का विज्ञान है। वह हमें दर्शाता है कि हम प्रेम को ठीक रास्ते से कैसे लगाएँ, कैसे उसे वश में लाएँ, उसका सद्व्यवहार किस प्रकार करें, किस प्रकार एक नये मार्ग में उसे मोड़ दें और उससे श्रेष्ठ और महत्तम फल अर्थात् जीवन्मुक्त

अवस्था किस प्रकार प्राप्त करें। भक्तियोग कुछ छोड़ने आदि की शिक्षा नहीं देता; वह केवल कहता है, 'परमेश्वर में आसक्त होओ।' और जो परमेश्वर के प्रेम में उन्मत्त हो गया है, उसकी स्वभावतः नीच विषयों में कोई प्रवृत्ति नहीं रह सकती।

"प्रभो, मैं तुम्हारे बारे में और कुछ नहीं जानता, केवल इतना जानता हूँ कि तुम मेरे हो। तुम सुन्दर हो! अहा, तुम अत्यन्त सुन्दर हो! तुम स्वयं सौन्दर्यस्वरूप हो!" हम सभी में सौन्दर्य-पिपासा विद्यमान है। भक्तियोग केवल इतना कहता है कि इस सौन्दर्य-पिपासा की गति भगवान् की ओर फेर दो। मानव-मुखड़े, आकाश तारों या चन्द्रमा में जो सौन्दर्य दिखता है, वह आया कहाँ से? वह भगवान् के उस सर्वतोमुखी प्रकृति सौन्दर्य का ही आंशिक प्रकाश मात्र है। उसी के प्रकाश से सब प्रकाशित होते हैं।" उसी का तेज सब वस्तुओं में है। भक्ति की इस उच्च अवस्था को प्राप्त करो। उससे तुम एकदम अपने क्षुद्र अहंभाव को भूल जाओगे। छोटे-छोटे सांसारिक स्वार्थों का त्याग कर दो। यह न समझ बैठना कि मानवता ही तुम्हारे समस्त मानवी और उससे उच्चतर ध्येयों का भी केन्द्र है। तुम केवल एक साक्षी की तरह, एक जिज्ञासु की तरह खड़े रहो और प्रकृति की लीलाएँ देखते जाओ। मनुष्य के प्रति आसक्ति-रहित होओ और देखो, यह प्रबल प्रेम-प्रवाह जगत् में किस प्रकार कार्य कर रहा है! हो सकता है, कभी-कभी एक-आध धक्का भी लगे, परन्तु वह परमप्रेम की प्राप्ति के मार्ग में होने वाली एक घटना मात्र है। सम्भव है, कहीं थोड़ा द्वन्द्व छिड़े, अथवा कोई थोड़ा फिसल जाय, पर ये सब उस परमप्रेम में आरोहण के सोपान मात्र हैं। चाहे जितने द्वन्द्व छिड़े, चाहे जितने संघर्ष आएँ, पर तुम साक्षी होकर बस एक ओर खड़े रहो। ये द्वन्द्व तुम्हें कभी खटकेंगे, जब तुम संसार-प्रवाह में पड़े होगे। परन्तु जब तुम उसके बाहर निकल जाओगे और केवल एक दर्शक के रूप में खड़े रहोगे तो देखोगे कि प्रेमस्वरूप भगवान् अपने-आपको अनन्त प्रकार से प्रकाशित कर रहे हैं।

"जहाँ कहीं थोड़ा-सा भी आनन्द है, चाहे वह घोर विषय-भोग का ही क्यों न हो, वहाँ उस अनन्त आनन्दस्वरूप भगवान् का ही अंश है।" नीचे से नीच आसक्ति में भी ईश्वरी प्रेम का बीज निहित है। संस्कृत भाषा में प्रभु का एक नाम 'हरि' है। उसका अर्थ यह है कि वे सबको अपनी ओर आकर्षित कर रहे हैं। असल में वे ही हमारे प्रेम के एक मात्र उपयुक्त पात्र हैं। यह जो हम लोग नाना दिशाओं में आकृष्ट हो रहे हैं तो हम लोगों

को खींच कौन रहा है? वे ही!-वे ही हमें अपनी गोद में लगातार खींच रहे हैं। निर्जीव जड़ क्या कभी चेतन आत्मा को खींच सकता है? नहीं-कभी नहीं। मान लो, एक सुन्दर मुखड़ा देखकर कोई उन्मत्त हो गया। तो क्या कुछ जड़ परमाणुओं की समष्टि ने उसे पागल कर दिया है? नहीं, कभी नहीं। इन जड़ परमाणुओं के पीछे अवश्य ईश्वरी शक्ति और ईश्वरी प्रेम का खेल चल रहा है। अतः मनुष्य यह नहीं जानता। परन्तु फिर भी, जाने या जनजाने, वह उसी के द्वारा आकृष्ट हो रहा है। अतएव नीच-से-नीच आसक्ति भी अपनी आकर्षण की शक्ति स्वयं भगवान् से पाती है। "हे प्रिये, कोई स्त्री अपने पति को पति के लिए प्यार नहीं करती; पति के अन्तस्थ आत्मा के लिए ही पत्नी उसे प्यार करती है।" प्रेमिका, पत्नियाँ चाहे यह जानती हों अथवा नहीं, पर है यह सत्य। "हे प्रिये पत्नी के लिए पत्नी को कोई प्यार नहीं करता परन्तु पत्नी के अन्तस्थ आत्मा के लिए ही पति उसे प्यार करता है।" इसी प्रकार, संसार में जब कोई अपने बच्चे अथवा अन्य किसी से प्रेम करता है तो वह वास्तव में उसके अन्तस्थ आत्मा के लिए ही उससे प्रेम करता है। भगवान मानो एक बड़े चुम्बक हैं और हम सब लोहे की रेत के समान हैं। हम लोग उसके द्वारा सतत खींचे जा रहे हैं। हम सभी उन्हें प्राप्त करने का प्रयत्न कर रहे हैं। संसार में हम जो नानाविध प्रयत्न करते हैं, वे सब केवल स्वार्थ के लिए नहीं हो सकते। अज्ञानी लोग जानते नहीं कि उनके जीवन का उद्देश्य क्या है। वास्तव में वे लगातार परमात्म स्वरूप उस बड़े चुम्बक की ओर ही अग्रसर हो रहे हैं। हमारे इस अविराम, कठोर जीवन-संग्राम का लक्ष्य है-अन्त में उनके निकट पहुँचकर उनके साथ एकीभूत हो जाना।

भक्तियोग इस जीवन-सग्राम का अर्थ भली-भाँति जानता है। वह ऐसे संग्रामों की एक लम्बी परम्परा में से पार हो चुका है और वह जानता है कि उनका लक्ष्य क्या है। उनसे होनेवाले द्वन्द्वों से छुटकारा पाने की उसकी तीव्र आकांक्षा रहती है। यह संघर्षों से दूर ही रहना चाहता है और सीधे समस्त आकर्षणों के मूलकारणस्वरूप 'हरि' के निकट चला जाना चाहता है। यही भक्त का त्याग है। भगवान् के प्रति इस प्रबल आकर्षण से उसके अन्य सब आकर्षण नष्ट हो जाते हैं। उसके हृदय में इस प्रबल अनन्त ईश्वर-प्रेम के प्रवेश कर जाने से फिर वहाँ अन्य किसी प्रेम की तिल मात्रा भी गुंजाइश नहीं रह जाती। और रहे भी कैसे? भक्ति उसके हृदय को ईश्वररूपी प्रेम-सागर

के दैवी जल से भर देती है और इस प्रकार उसमें फिर क्षुद्र प्रेमों के लिए स्थान नहीं रह जाता तात्पर्य यह है कि भक्त का वैराग्य अर्थात् भगवान् को छोड़ समस्त विषयों में अनासक्ति भगवान के प्रति परम अनुराग से उत्पन्न होती है।

पराभक्ति की प्राप्ति के लिए यही सर्वोच्च साधन है-यही आदर्श तैयारी है। जब वह वैराग्य आता है तो पराभक्ति के राज्य का प्रवेश-द्वार खुल जाता है, जिससे आत्मा पराभक्ति के गम्भीरतम प्रदेशों में पहुँच सके। तभी हम यह समझने लगते हैं कि पराभक्ति क्या है। और जिसने पराभक्ति के राज्य में प्रवेश किया है, उसी को कहने का अधिकार है कि प्रतिमा-पूजन अथवा बाह्य अनुष्ठान आदि अब और अधिक आवश्यक नहीं हैं। उसी ने प्रेम की उसपरा अवस्था की प्राप्ति कर ली है, जिसे हम साधारणतया विश्व-बन्धुत्व कहते हैं; दूसरे लोग तो विश्व-बन्धुत्व की कोरी बातें ही करते हैं। उसमें फिर भेदभाव नहीं रह जाता। वह अथाह प्रेमसिन्धु में निमग्न हो जाता है। तब उसे मनुष्य में मनुष्य नहीं दिखता, वरन् सर्वत्र उसे अपना प्रियतम ही दिखायी देता है। प्रत्येक मुख में उसे 'हरि' ही दिखायी देते हैं। सूर्य अथवा चन्द्र का प्रकाश उन्हीं की अभिव्यक्ति है। जहाँ कहीं सौन्दर्य और महानता दिखायी देती है, उसकी दृष्टि में वह सब भगवान् की ही है। ऐसे भक्त आज भी इस संसार में विद्यमान हैं। संसार उनसे कभी रिक्त नहीं होता। ऐसे भक्तों को यदि साँप भी काट ले, तो वे कहते हैं, "मेरे प्रियतम का एक दूत आया था।" ऐसे ही पुरुषों को विश्व-बन्धुत्व की बातें करने का अधिकार है। उनके हृदय में क्रोध, घृणा अथवा ईर्ष्या कभी प्रवेश नहीं कर पाते। सारा बाह्य, इन्द्रियग्राह्य जगत् उनके लिए सदा के लिए लुप्त हो जाता है। जब वे अपने प्रेम के बल से अतीन्द्रिय सत्य को सारे समय देखते रहते हैं तो फिर उनमें क्रोध भला आए कैसे?

भक्तियोग की स्वाभाविकता और उसकार हस्य

भगवान श्रीकृष्ण से अर्जुन पूछते हैं, "हे प्रभो, जो सतत्युक्त हो तुम्हें भजता है, और जो अव्यक्त, निर्गुण का उपासक है, इन दोनों में कौन श्रेष्ठ है?" श्रीभगवान कहते हैं, "हे अर्जुन, मुझ में मन को एकाग्र कर के जो नित्य युक्त हो परम श्रद्धा के साथ मेरी उपासना करताहै, वही मेरा श्रेष्ठ उपासक है, वही श्रेष्ठ योगी है।और जो इन्द्रिय-समुदाय को पूर्ण वश में करके, मन-बुद्धि से परे, सर्वव्यापी, अव्यक्त और सदा एक रस रहने वाले नित्य, अचल, निराकार, अविनाशी, सच्चिदानन्द घन ब्रह्म की, निरन्तर एकी भाव से ध्यान करते हुए उपासना करते हैं, वे समस्त भूतों के हित में रत हुए और सब में समान भाव रखने वाले योगी भी मुझे ही प्राप्त होते हैं। किन्तु उन सच्चिदानन्द घन निराकार ब्रह्म में आसक्त चित्त वाले पुरुषों के लिए (साधन में) क्लेश अर्थात परि श्रम अधिक है क्यों कि देहा भिमानी व्यक्तियों द्वारा यह अव्यक्त गति बहुत दुःख पूर्वक प्राप्त की जाती है अर्थात जब तक शरीर में अभिमान रहता है, तब तक शुद्ध सच्चिदानन्दघन निराकार ब्रह्म में स्थिति होना कठिन है।और जो मेरे परायण हुए भक्त जन सम्पूर्ण कर्मों को मुझ में अर्पण कर, मुझे अनन्य ध्यान और योग से निरन्तर चिन्तन करते हुए भजते हैं, हे अर्जुन, मुझ में चित्त लगाने वाले प्रेमी भक्तों का मैं शीघ्र ही मृत्यु रूपी संसार-समुद्र में उद्धार करने वाला होता हूँ।"

उपर्युक्त कथन में ज्ञानयोग और भक्तियोग दोनों का दिग्दर्शन कराया गया है। कह सकते हैं कि उसमें दोनों की व्याख्या कर दी गयी है। ज्ञानयोग अवश्य अति श्रेष्ठ

मार्ग है। तत्त्वविचार उसका प्राण है। और आश्चर्य की बात तो यह है कि सभी सोचते हैं कि वे ज्ञानयोग के आदर्शानुसार चलने में समर्थ हैं, परन्तु वास्तव में ज्ञानयोग-साधना बड़ी कठिन है। उसमें गिर जाने की बड़ी आशंका रहती है।

संसार में हम दो प्रकार के मनुष्य देखते हैं। एक तो आसुरी प्रकृतिवाले, जिनकी दृष्टि में शरीर का पालन-पोषण ही सर्वस्व है, और दूसरे दैवी प्रकृतिवाले, जिनकी यह धारणा रहती है कि शरीर किसी एक विशेष उद्देश्य की पूर्ति का-आत्मोन्नति का एक साधन मात्र है। शैतान भी अपनी कार्यसिद्धि के लिए शास्त्रों को उद्धृत कर सकता है और करता भी है। और इस तरह ऐसा प्रतीत होता है कि ज्ञानमार्ग जिस प्रकार साधु व्यक्तियों के सत्कार्य का प्रबल प्रेरक है, उसी प्रकार असाधु व्यक्तियों के भी कार्य का समर्थक है। ज्ञानयोग में यही एक बड़े खतरे की बात है। परन्तु भक्तियोग बिलकुल स्वाभाविक और मधुर है। भक्त उतनी ऊँची उड़ान नहीं उड़ाता, जितना कि एक ज्ञानयोगी, और इसलिए उसके बड़े खड्डों में गिरने की आशंका भी नहीं रहती। पर हाँ, इतना समझ लेना होगा कि साधक किसी भी पथ पर क्यों न चले, जब तक आत्मा के सारे बन्धन-छूट नहीं जाते, तब तक वह मुक्त नहीं हो सकता।

भक्तियोग से एक भाग्यशाली गोपी पाप और पुण्य के बन्धनों से मुक्त हो गयी थी। "भगवान् के ध्यान से उत्पन्न तीव्र आनन्द ने उसके समस्त पुण्यकर्मजनित बन्धनों को काट दिया। फिर भगवान् की प्राप्ति न होने की परम आकुलता से उसके समस्त पाप धुल गए और वह मुक्त हो गयी।"अतएव भक्तियोग का रहस्य यह है कि मनुष्य के हृदय में जितने प्रकार की वासनाएँ और भाव हैं, उनमें से कोई भी स्वरूपतः खराब नहीं है; उन्हें धीरे-धीरे अपने वश में लाकर उनकी गति क्रमशः उच्च से उच्चतर दिशा में फेरनी होगी। और यह कब तक करना होगा? जब तक कि वे परमोच्च दशा को प्राप्त न हो जाएँ। उनकी सर्वोच्च गति है भगवान्, और उनकी शेष सब गतियाँ निम्नाभिमुखी हैं। हम देखते हैं कि हमारे जीवन में सुख और दुःख सर्वदा लगे ही रहते हैं। जब कोई मनुष्य धन अथवा अन्य किसी सांसारिक वस्तु के अभाव से दुःख अनुभव करता है, तो वह अपनी भावनाओं को गलत मार्ग पर ले जा रहा है। फिर भी, दुःख की भी उपयोगिता है। यदि मनुष्य इस बात के लिए दुःख करने लगे कि अब तक उसे परमात्मा की प्राप्ति नहीं हुई तो वह दुःख उसकी मुक्ति का हेतु बन जाएगा। जब

कभी तुम्हें इस बात का आनन्द होता है कि तुम्हारे पास चाँदी के कुछ टुकड़े हैं, तो समझना कि तुम्हारी आनन्द-वृत्ति गलत रास्ते पर जा रही है। उसे उच्चतर दिशा की ओर ले जाना होगा, हमें अपने सर्वोच्च लक्ष्य भगवान् के चिन्तन में आनन्द अनुभव करना होगा। हमारी अन्य सब भावनाओं के सम्बन्ध में भी ठीक ऐसी ही बात है। भक्त की दृष्टि में उनमें से कोई भी खराब नहीं है; वह उन सबको लेकर केवल भगवान् की ओर फेर देता है।

भक्ति के अवस्था - भेद

भक्ति विभिन्न रूपों में प्रकाशित होती है। पहला है- 'श्रद्धा'। लोग मन्दिरों और पवित्र स्थानों के प्रति श्रद्धा क्यों प्रकट करते हैं, इसलिए कि वहाँ भगवान की पूजा होती है, ऐसे स्थानों में उसकी सत्ता अधिक अनुभूत होती है। प्रत्येक देश में लोग धर्म के आचार्यों के प्रति श्रद्धा क्यों प्रकट करते हैं, इसलिए कि ऐसा करना नितान्त स्वाभाविक है, क्योंकि ये सब आचार्य उन्हीं भगवान् की महिमा का उपदेश देते हैं। इस श्रद्धा का मूल है प्रेम। हम जिससे प्रेम नहीं करते, उसके प्रति कभी भी श्रद्धालु नहीं हो सकते। इसके बाद है-'प्रीती' अर्थात् ईश्वर-चिन्तन में आनन्द। मनुष्य इन्द्रिय-विषयों में कितना तीव्र आनन्द अनुभव करता है। इन्द्रियों को अच्छी लगनेवाली वस्तुओं के लिए वह कहाँ-कहाँ भटकता फिरता है और बड़ी-से-बड़ी जोखिम उठाने को तैयार रहता है। भक्त को चाहिए कि वह भगवान् के प्रति इसी प्रकार का तीव्र प्रेम रखे। इसके उपरान्त आता है 'विरह' –प्रेमास्पद के अभाव में उत्पन्न होनेवाला तीव्र दुःख। यह दुःख संसार के समस्त दुःखों में सबसे मधुर है- अत्यन्त मधुर है। जब मनुष्य भगवान् को न पा सकने के कारण, संसार में एकमात्र जानने योग्य वस्तु को न जान सकने के कारण भीतर में तीव्र वेदना अनुभव करने लगता है और फलस्वरूप अत्यन्त व्याकुल हो बिलकुल पागल-सा हो जाता है, तो उस दशा को विरह कहते हैं। मन की ऐसी दशा में प्रेमास्पद को छोड़ उसे और कुछ अच्छा नहीं लगता (इतरविचिकित्सा)। बहुधा यह विरह सांसारिक प्रणय में देखा जाता है। जब स्त्री और पुरुष में यथार्थ और प्रगाढ़ प्रेम होता है तो उन्हें ऐसे किसी भी व्यक्ति की उपस्थिति अच्छी नहीं लगती, जो उनके मन का नहीं होता। ठीक इसी प्रकार जब पराभक्ति हृदय पर अपना प्रभाव जमा लेती है तो अन्य अप्रिय विषयों कर उपस्थिति हमें खटकने लगती है, यहाँ तक कि

प्रेमास्पद भगवान् के अतिरिक्त अन्य किसी विषय पर बातचीत तक करना हमारे लिए अरुचिकर हो जाता है, "उनपर-केवल उनपर ध्यान करो और अन्य सब बातें त्याग दो।" जो लोग केवल उन्हीं की चर्चा करते हैं, वे भक्त को मित्र के समान प्रतीत होते हैं, और जो अन्य लोग अन्य विषयों की चर्चा करते हैं, वे उसको शत्रु के समान लगते हैं। प्रेम की इससे भी उच्च अवस्था तो वह है, जब उन प्रेमास्पद भगवान् के लिए ही जीवन धारण किया जाता है, जब उन प्रेमस्वरूप के निमित्त ही प्राण धारण करना सुन्दर और सार्थक समझा जाता है। ऐसे प्रेमी के लिए उन परम प्रेमास्पद भगवान् बिना एक क्षण भी रहना असम्भव हो उठता है। उन प्रियतम का चिन्तन हृदय में सदैव बने रहने के कारण ही उसे जीवन इतना मधुर प्रतीत होता है। शास्त्रों में इसी अवस्था को 'तदर्थप्राणसंस्थान' कहा है। 'तदीयता' तब आती है, जब साधक भक्ति-मत के अनुसार पूर्णावस्था को प्राप्त हो जाता है, जब वह श्रीभगवान् के चरणारविन्दों का स्पर्श कर धन्य और कृतार्थ हो जाता है। तब उसकी प्रकृति विशुद्ध हो जाती है-सम्पूर्ण रूप से परिवर्तित हो जाती है, तब उसके जीवन की सारी साध पूरी हो जाती है। फिर भी, इस प्रकार के बहुत-से भक्त बस उनकी उपासना के निमित्त ही जीवन धारण किये रहते हैं। इस दुःखमय जीवन में यही एकमात्र सुख है, और वे इसे छोड़ना नहीं चाहते।

'हरि के ऐसे मनोहर गुण हैं कि जो लोग उनको प्राप्त कर संसार की सारी वस्तुओं से तृप्त हो गए हैं, जिनके हृदय की सब ग्रन्थियाँ खुल गयी हैं।' 'वे भी भगवान् की निष्काम-भक्ति करते हैं।'

"जिन भगवान की उपासना सारे देवता, मुमुक्षु और ब्रह्मवादी गण करते हैं" ऐसा है प्रेम का प्रभाव! जब मनुष्य अपने आपको बिलकुल भूल जाता हैऔर जब उसे यह भी ज्ञान नहीं रहता कि कोई वस्तु अपनी है, तभी उसे यह 'तदीयता' की अवस्था प्राप्त होती है। तब सब-कुछ उसके लिए पवित्र हो जाता है, क्यों कि वह सब उस के प्रेमा स्पद का हीतो है। सांसारिक प्रेम में भी, प्रेमी अपनी प्रेमिका की प्रत्ये कवस्तु कोबड़ी प्रिय और पवित्र मानता है।अपनी प्रणयिनी के कपड़े के एक छोटे-से टुकड़े को भी वह प्यार करता है। इसी प्रकार जो मनुष्य भगवान से प्रेम करता है, उसके लिए सारा संसार प्रिय हो जाता है, क्यों कि यह संसार आखिर उन्हीं का तो है।

सार्वजनीन प्रेम

समष्टि से प्रेम किए बिना हम व्यष्टि से प्रेम कैसे कर सकते हैं? ईश्वर ही वह समष्टि है। सारे विश्व का यदि एक अखण्ड रूप से चिन्तन किया जाय तो वही ईश्वर है, और उसे पृथक-पृथक रूप से देखने पर वही यह दृश्यमान संसार है-व्यष्टि है। समष्टि वह इकाई है, जिसमें लाखों छोटी-छोटी इकाइयों का मेल है। इस समष्टि के माध्यम से ही सारे विश्व को प्रेम करना सम्भव है। भारतीय दार्शनिक व्यष्टि पर ही नहीं रुक जाते; वे तो व्यष्टि पर एक सरसरी दृष्टि डालकर तुरन्त एक ऐसे व्यापक या समष्टि भाव की खोज में लग जाते हैं, जिसमें सब व्यष्टियों या विशेष विशेष भावों का अन्तर्भाव हो। इस समष्टि की खोज ही भारतीय दर्शन और धर्म का लक्ष्य है। ज्ञानी पुरुष ऐसी एक समष्टि की, ऐसे एक निरपेक्ष और व्यापक तत्त्व की कामना करता है, जिसे जानने से वह सब-कुछ जान सके। भक्त उन एक सर्वव्यापी पुरुषोत्तम की साक्षात् उपलब्धि कर लेना चाहता है, जिनसे प्रेम करने से वह सारे विश्व से प्रेम कर सके। योगी सबकी मूलभूत उस शक्ति का अपने अधिकार में लाना चाहता है, जिसके नियमन से वह इस सम्पूर्ण विश्व का नियमन कर सके। यदि हम भारतीय विचारधारा के इतिहास का अध्ययन करें तो देखेंगे कि भारतीय मन सदा से सब बातों में भौतिक विज्ञान कहिए, मनोविज्ञान कहिए, भक्तितत्त्व, दर्शन आदि सभी में एक समष्टि या व्यापक तत्त्व की इस अपूर्व खोज में लगा रहा है। अतएव भक्त इस निष्कर्ष पर पहुँचता है कि यदि तुम केवल एक के बाद दूसरे व्यक्ति से प्रेम करते चले जाओ तो तुम अनन्त काल में भी संसार को एक समष्टि के रूप में प्यार करने में समर्थ न हो सकोगे। पर अन्त में जब

यह मूल सत्य ज्ञात हो जाता है कि समस्त प्रेम की समष्टि ही भगवान् हैं, संसार के मुक्त, बद्ध या मुमुक्षु सारे जीवात्माओं की आदर्श-समष्टि ही ईश्वर हैं, तभी यह विश्वप्रेम सम्भव होता है। भगवान् ही समष्टि हैं और यह परिदृश्यमान जगत् उन्हीं का परिच्छिन्न भाव है-उन्हीं की अभिव्यक्ति है। यदि हम इस समष्टि को प्यार करें तो इससे सभी को प्यार करना हो जाता है। तब जगत् को प्यार करना और उसकी भलाई करना सहज हो जाता है। पर पहले भगवत्प्रेम के द्वारा हमें यह शक्ति प्राप्त कर लेनी होगी, अन्यथा संसार की भलाई करना कोई हँसी-खेल नहीं है। भक्त कहता है, "सब-कुछ उन्हीं का है, वे मेरे प्रियतम हैं, मैं उनसे प्रेम करता हूँ।" इस प्रकार भक्त को सब-कुछ पवित्र प्रतीत होने लगता है, क्योंकि वह सब आखिर उन्हीं का तो है सभी उनकी सन्तान हैं उनके अंग-स्वरूप हैं। उनके रूप हैं। तब फिर हम किसी को कैसे चोट पहुंचा सकते हैं? दूसरों को बिना प्यार किए हम कैसे रह सकते हैं? भगवान् के प्रति प्रेम के साथ ही, उसके निश्चित फलस्वरूप, सर्व भूतों के भी प्रति प्रेम अवश्य आएगा। हम भगवान् के जितने समीप आते जाते हैं, उतने ही अधिक स्पष्ट रूप से देखते हैं कि सब कुछ उन्हीं में है। जब जीवात्मा इस परम प्रेमानन्द का सम्भोग करने में सफल होता है, तब वह ईश्वर को सर्व भूतों में देखने लगता है। इस प्रकार हमारा हृदय प्रेम का एक अनन्त स्त्रोत बन जाता है। और जब हम इस प्रेम की और भी उच्चतर अवस्थाओं में पदार्पण करते हैं, तब संसार की वस्तुओं में क्षुद्र भेद की भावनाएँ हमारे हृदय से सर्वथा लुप्त हो जाती हैं। तब मनुष्य-मनुष्य के रूप में नहीं दीखता, वरन् साक्षात् ईश्वर के रूप में ही दीख पड़ता है; पशु में पशुरूप नही दिखायी पड़ता, वरन् उसमें स्वयं भगवान ही दीख पड़ते हैं; यहाँ तक कि ऐसे प्रेमी की आँखों से बाघ का भी बाघरूप लुप्त हो जाता है और उसमें स्वयं भगवान् प्रकाशमान दीख पड़ते हैं। इस प्रकार भक्ति की इस प्रगाढ़ अवस्था में सभी प्राणी हमारे लिए उपास्य हो जाते हैं। "हरि को सब भूतों में अवस्थित जानकर ज्ञानी को सबके प्रति अव्याभिचारिणी भक्ति रखनी चाहिए।"

इस प्रगाढ़, सर्वगाही प्रेम के फलस्वरूप पूर्ण आत्मसमर्पण की अवस्था उपस्थित होती है। तब यह दृढ़ विश्वास हो जाता है कि संसार में भला-बुरा जो कुछ होता है, कुछ भी हमारे लिए अनिष्टकर नहीं। शास्त्रों ने इसी को 'अप्रातिकूल्य' कहा है। ऐसे प्रेमी जीव के सामने यदि दुःख भी आए, तो वह कहेगा, "दुःख ! स्वागत है तुम्हारा।"

यदि कष्ट आए, तो कहेगा, "आओ कष्ट! स्वागत है तुम्हारा।" तुम भी तो मेरे प्रियतम के पास से आये हो।" यदि सर्प आए, तो कहेगा, "विराजो, सर्प!" यहाँ तक कि यदि मृत्यु भी आए वह अधरों पर मुसकान लिए उसका स्वागत करेगा। "धन्य हूँ मैं, जो ये सब मेरे पास आते हैं; इन सबका स्वागत है।"

भगवान् और जो कुछ भगवान् का है, उस सबके प्रति प्रगाढ़ प्रेम से उत्पन्न होनेवाली इस पूर्ण निर्भरता की अवस्था में भक्त अपने में होनवाले सुख और दुःख का भेद भूल जाता है। दुःख-कष्ट आने पर वह तनिक भी विचलित नहीं होता। और प्रेमस्वरूप भगवान् की इच्छा पर यह जो स्थिर, खेद शून्य निर्भरता है, वह तो सचमुच महान् वीरतापूर्ण क्रियाकलापों से मिलनेवाले नाम-यश की अपेक्षा कहीं अधिक वांछनीय है।

अधिकतर मनुष्यों के लिए देह ही सब-कुछ है; देह ही उनकी सारी दुनिया है; दैहिक सुख-भोग ही उनका सर्वस्व है। देह और देह से सम्बन्धित वस्तुओं की उपासना करने का भूत हम सबों के सिर में घुस गया है। भले ही हम लम्बी-चौड़ी बातें करें, बड़ी ऊँची-ऊँची ऊड़ाने लें, पर आखिर हैं हम गिद्धों के ही समान; हमारा मन सदा नीचे पड़े हुए सड़े-गले मांस के टुकड़े में ही पड़ा रहता है। हम शेर से अपने शरीर की रक्षा क्यों करें? हम उसे शेर को क्यों न दे दें? कम-से-कम उससे शेर की तो तृप्ति होगी, और यह कार्य आत्मत्याग और उपासना से कोई अधिक दूर न होगा। क्या तुम ऐसे एक भाव की उपलब्धि कर सकते हो, जिसमें स्वार्थ की तनिक भी गन्ध न हो? क्या तुम अपना अहं-भाव सम्पूर्ण रूप से नष्ट कर सकते हो? बस यही प्रेम-धर्म की सबसे ऊँची चोटी है, और बहुत थोड़े लोग ही इस अवस्था में पहुँच सके हैं। पर जब तक मनुष्य इस प्रकार के आत्मत्याग के लिए सारे समय पूरे हृदय के साथ प्रस्तुत नहीं रहता, तब तक वह पूर्ण भक्त नहीं हो सकता।

हम अपने इस पाँच भौतिक शरीर को अल्प अथवा अधिक समय तक के लिए भले ही सुखपूर्वक रख लें, पर उससे क्या? हमारे शरीर का एक-न-एक दिन नाश होना तो अवश्यम्भावी है। उसका अस्तित्व चिरस्थायी नहीं है। वे धन्य हैं, जिनका शरीर दूसरों की सेवा में अर्पण हो जाता है। एक साधु पुरुष केवल अपनी सम्पत्ति ही नहीं, वरन् अपने प्राण भी दूसरों की सेवा में उत्सर्ग कर देने के लिए सदैव उद्यत रहता है।

इस संसार में जब मृत्यु निश्चित है, तो श्रेष्ठ यही है कि वह शरीर किसी नीच कार्य की अपेक्षा किसी उत्तम कार्य में ही अर्पित हो जाय। हम भले ही अपने जीवन को पचास वर्ष या बहुत हुआ तो सौ वर्ष तक खींच ले जाएँ, पर उसके बाद? उसके बाद क्या होता है? जो कोई वस्तु मिश्रण से उत्पन्न होती है, वही फिर विश्लिष्ट होकर नष्ट हो जाती है। ऐसा समय अवश्य आता है, जब उसे विश्लिष्ट होना ही पड़ता है। ईसा आज कहाँ रहे, बुद्ध और मुहम्मद आज कहाँ रहे? संसार के सारे महापुरुष और आचार्यगण आज इस धरती से उठ गए हैं। भक्त कहता है, "इस क्षणभंगुर संसार में, जहाँ प्रत्येक वस्तु टुकड़े-टुकड़े हो धूल में मिली जा रही है, हमें अपने समय का सदुपयोग कर लेना चाहिए।"

और वास्तव में जीवन का सर्वश्रेष्ठ उपयोग तो यह है कि वह सर्व भूतों की सेवा में लगा दिया जाय। हमारा सबसे बड़ा यह भ्रम है कि हमारा यह शरीर ही हम हैं और जिस किसी प्रकार से हो, इसकी रक्षा करनी होगी, इसे सुखी रखना होगा। और यह भयानक देहात्म-बुद्धि ही संसार में सब प्रकार की स्वार्थपरता की जड़ है। यदि तुम यह निश्चित रूप से जान सको कि तुम शरीर से बिलकुल पृथक हो तो फिर इस दुनिया में ऐसा कुछ भी नहीं रह जाएगा, जिसके साथ तुम्हारा विरोध हो सके। तब तुम सब प्रकार की स्वार्थपरता के अतीती हो जाओगे। इसीलिए भक्त कहता है कि हमें ऐसा रहना चाहिए, मानो हम दुनिया की सारी वस्तुओं के लिए मर-से गए हों। और वास्तव में यही यथार्थ आत्मसमर्पण है-यही सच्ची शरणागति है- 'जो होने का है, हो'। यही "तेरी इच्छा पूर्ण हो" का तात्पर्य है। उसका तात्पर्य यह नहीं कि हम यत्र-तत्र लड़ाई-झगड़ा करते फिरें और सारे समय यही सोचते रहें कि हमारी ये सारी कमजोरियाँ और सांसारिक आकांक्षाएँ भगवान् की इच्छा से हो रही हैं। हो सकता है कि हमारे स्वार्थपूर्ण प्रयत्नों से भी कुछ भला हो जाय; पर वह भगवान् देखेंगे, उसमें हमारा-तुम्हारा कोई हाथ नहीं। यथार्थ भक्त अपने लिए कभी कोई इच्छा या कार्य नहीं करता। उसके हृदय के अन्तरतम प्रवेश तो बस यही प्रार्थना निकलती है, "प्रभो, लोग तुम्हारे नाम पर बड़े-बड़े मन्दिर बनवाते हैं, बड़े-बड़े दान देते हैं, पर मैं तो निर्धन हूँ; मेरे पास कुछ भी नहीं है। अतः मैं अपने इस शरीर को ही तुम्हारे श्रीचरणकमलों में समर्पित करता हूँ। मेरा परित्याग न करना, मेरे प्रभो!" जिसने एक बार इस अवस्था

का आस्वादन कर लिया है, उसके लिए प्रेमास्पद भगवान् के श्रीचरणों में यह चिर आत्मसमर्पण कुबेर के धन और इन्द्र के ऐश्वर्य से भी श्रेष्ठ है, नाम-यश और सुख-सम्पदा की महान् आकांक्षा से भी महत्तर है। भक्त के शान्त आत्मसमर्पण से हृदय में जो शान्ति आती है, उसकी तुलना नहीं हो सकती, वह तो बुद्धि के अगोचर है। इस अप्रातिकूल्य अवस्था की प्राप्ति होने पर उसका किसी प्रकार का स्वार्थ नहीं रह जाता; और जब स्वार्थ ही नहीं, तब फिर स्वार्थ में बाधा देने वाली भला कौन-सी वस्तु संसार में रह जाती है?

इस परम शरणागति की अवस्था में सब प्रकार की आसक्ति समूल नष्ट हो जाती है और रह जाती है सर्व भूतों की अन्तरात्मा और आधारस्वरूप उन भगवान् के प्रति सर्वावगाहिनी प्रेमात्मिका आसक्ति। भगवान् के प्रति प्रेम का यह बन्धन सचमुच ऐसा है, जो जीवात्मा को नहीं बाँधता, प्रत्युत उसके समस्त बन्धनों को छिन्न कर देता है।

पराविद्या और पराभक्ति दोनों एक हैं

उपनिषदों में परा और अपरा विद्या में भेद बतलाया गया है। भक्त के लिए पराविधा और पराभक्ति दोनों एक ही हैं। मुण्डक उपनिषद् में कहा गया है, *"ब्रह्मज्ञानी के मतानुसार परा और अपरा, ये दो प्रकार की विद्याएँ जान ने योग्य हैं। अपरा विद्या में ऋग्वेद, यजुर्वेद, सामवेद, अथर्ववेद, शिक्षा (उच्चारणादिकीविद्या), कल्प (यज्ञपद्धति), व्याकरण, निरुक्त (वैदिक शब्दों की व्युत्पत्ति और अर्थ बताने वाला शास्त्र), छन्द और ज्योतिष आदि हैं; तथा पराविद्या द्वारा उस अक्षर ब्रह्म का ज्ञान होता है।"* इस प्रकार पराविद्या स्पष्टतः ब्रह्मविद्या है। देवीभागवत में पराभक्ति की निम्नलिखित व्याख्या है- *"एक बर्तन से दूसरे बर्तन में तेल डालने पर जिस प्रकार एक अविछन्न धारा में गिरता है, उसी प्रकार जब मन भगवान के सतत चिन्तन में लगजाता है तो पराभक्ति की अवस्था प्राप्त हो जाती है।"* भगवान् के प्रति अविछिन्न आसक्ति के साथ हृदय और मन का इस प्रकार अविरत और नित्य स्थिर भाव ही मनुष्य के हृदय में भगवत्प्रेम का सर्वोच्च प्रकाश है। अन्य सब प्रकार की भक्ति इस पराभक्ति अर्थात् रामानुराग भक्ति की प्राप्ति के लिए केवल सोपान स्वरूप है। जब इस प्रकार का अपार अनुराग मनुष्य के हृदय में उत्पन्न हो जाता है, तो उसका मन निरन्तर भगवान् के स्मरण में ही लगा रहता है, उसे और किसी का ध्यान ही नहीं आता। भगवान के अतिरिक्त वह अपने मन में अन्य विचारों को स्थान तक नहीं देता और फलस्वरूप उसकी आत्मा पवित्रता के अभेद्य कवच से रक्षित हो जाती है तथा मानसिक एवं

भौतिक समस्त बन्धनों को तोड़कर शान्त और मुक्त भाव धारण कर लेती है। ऐसा व्यक्ति ही अपने हृदय में भगवान् की उपासना कर सकता है।

उसके लिए अनुष्ठान-पद्धति, प्रतिमा, शास्त्र और मत-मतान्तर आदि अनावश्यक हो जाते हैं; उनके द्वारा उसे और कोई लाभ नहीं होता। भगवान् की इस प्रकार उपासना करना सहज नहीं है। साधारणतया मानवी प्रेम वहीं लहलहाते देखा जाता है, जहाँ उसे दूसरी ओर से बदले में प्रेम मिलता है; और जहाँ ऐसा नहीं होता, वहाँ उदासीनता आकर अपना अधिकार जमा लेती है। ऐसे उदाहरण बहुत कम हैं, जहाँ बदले में प्रेम न मिलते हुए भी प्रेम प्रकाश होता हो। उदाहरणार्थ, हम दीपक के प्रति पतिंगे के प्रेम को ले सकते हैं। पतिंगा दीपक से प्रेम करता है और उसमें गिरकर अपने प्राण दे देता है। असल में इस प्रकार प्रेम करना उसका स्वभाव ही है। केवल प्रेम के लिए प्रेम करना संसार में निस्सन्देह प्रेम की सर्वोच्च अभिव्यक्ति है और यही पूर्ण निःस्वार्थ प्रेम है। इस प्रकार का प्रेम जब आध्यात्मिकता के क्षेत्र में कार्य करने लगता है, तो वही हमें पराभक्ति में ले जाता है।

प्रेम-त्रिकोणात्मक

प्रेम की उपमा एक त्रिकोण से दी जा सकती है, जिसका प्रत्येक कोण प्रेम के एक-एक अविभाज्य गुण का सूचक है। जिस प्रकार बिना तीन कोण के एक त्रिकोण नहीं बन सकता, उसी प्रकार निम्नलिखित तीन गुणों के बिना यथार्थ प्रेम का होना असम्भव है। इस प्रेमरूपी त्रिकोण का पहला कोण तो यह है कि प्रेम में किसी प्रकार का क्रय-विक्रय नहीं होता। जहाँ कहीं किसी बदले की आशा रहती है, वहाँ यथार्थ प्रेम कभी नहीं हो सकता; वह तो एक प्रकार की दूकानदारी-सी हो जाती है। जब तक हमारे हृदय में इस प्रकार की थोड़ी-सी भी भावना रहती है कि भगवान् की आराधना के बदले में हमें उनसे कुछ मिले, तब तक हमारे हृदय में यथार्थ प्रेम का संचार नहीं हो सकता। जो लोग किसी वस्तु की प्राप्ति के लिए ईश्वर की उपासना करते हैं, उन्हें यदि वह चीज़ न मिले, तो निश्चय ही वे उनकी आराधना करना छोड़ देंगे। भक्त भगवान् से इसलिए प्रेम करता है कि वे प्रेमास्पद हैं; सच्चे भक्त के इस दैवी प्रेम का और कोई हेतु नहीं रहता।

एक बार एक राजा किसी वन में गया। वहाँ उसे एक साधु मिले। साधु से थोड़ी देर बातचीत करके राजा उनकी पवित्रता और ज्ञान पर बड़ा मुग्ध हो गया। राजा ने उनसे प्रार्थना की, "महाराज, यदि आप मुझसे कोई भेंट ग्रहण करने की कृपा करे तो मैं धन्य हो जाऊँ।" पर साधु ने इनकार कर दिया और कहा, "इस जंगल में फल मेरे लिए पर्याप्त हैं, पहाड़ों से निकले हुए शुद्ध पानी के झरने पीने को पर्याप्त जल दे देते हैं, वृक्षों की छालें मेरे शरीर को ढकने के लिए काफी हैं और पर्वतों की कन्दराएँ सुन्दर घर का काम देती हैं। मैं तुमसे अथवा अन्य किसी से कोई भेंट क्यों लूँ?"

राजा ने कहा, "महाराज, केवल मुझे कृतार्थ करने के लिए कृपया, कुछ अवश्य स्वीकार कर लीजिए, और दया कर मेरे साथ चलकर मेरी राजधानी तथा महल को पवित्र कीजिए।"

विशेष आग्रह के बाद साधु ने अन्त में राजा की प्रार्थना स्वीकार कर ली और उसके साथ उसके महल को गए। साधु को भेंट देने के पहले राजा नियमानुसार अपनी दैनिक प्रार्थना करने लगा। उसने कहा, "हे ईश्वर, मुझे और अधिक सन्तान दो मेरा धन और भी बढ़े, मेरा राज्य अधिकाधिक फैल जाय, मेरा शरीर स्वस्थ और निरोग रहे", आदि आदि। राजा अपनी प्रार्थना समाप्त भी न कर पाया था कि साधु उठ खड़े हुए और चुपके से कमरे के बाहर चल दिए। यह देखकर राजा बड़े असमंजस में पड़ गया और चिल्लाता हुआ साधु के पीछे भागा, "महाराज, आप कहाँ जा रहे हैं, आपने तो मुझसे कोई भी भेंट ग्रहण नहीं की!"

यह सुनकर वे साधु पीछे घूमकर राजा से बोले, "अरे भिखारी, मैं भिखारियों से भिक्षा नहीं माँगता। तू स्वयं एक भिखारी है, मुझे किस प्रकार भिक्षा दे सकता है! मैं इतना मूर्ख नहीं कि तुझ-जैसे भिखारी से कुछ लूँ। जाओ, भाग जाओ, मेरे पीछे मत आओ।"

इस कथा से ईश्वर के सच्चे प्रेमियों और साधारण भिखारियों में भेद बड़े सुन्दर ढंग से प्रकट हुआ है। भिखारी की भाँति गिड़गिड़ाना प्रेम की भाषा नहीं है। यहाँ तक कि मुक्ति के लिए भगवान की उपासना करना भी अधम उपासना में गिना जाता है। शुद्ध प्रेम में किसी प्रकार के लाभ की आकांक्षा नहीं रहती। प्रेम सर्वदा प्रेम के लिए ही होता है। भक्त इसलिए प्रेम करता है कि बिना प्रेम किए वह रह ही नहीं सकता। जब तुम किसी मनोहर प्राकृतिक दृश्य को देखकर उस पर मोहित हो जाते हो तो उस दृश्य से तुम किसी फल की याचना नहीं करते और न वह दृश्य ही तुमसे कुछ माँगता है। फिर भी उस दृश्य का दर्शन तुम्हारे मन को बड़ा आनन्द देता है, वह तुम्हारे मन के घर्षणों को हल्का कर तुम्हें शान्त कर देता है और उस समय तक के लिए मानो तुम्हें अपनी नश्वर प्रकृति से ऊपर उठाकर एक स्वर्गीय आनन्द से भर देता है। प्रेम का यह भाव उक्त त्रिकोणात्मक प्रेम का पहला कोण है। अपने प्रेम के बदले में कुछ मत माँगो। सदैव देते ही रहो। भगवान् को अपना प्रेम दो, परन्तु बदले में उनसे कुछ भी माँगो मत।

प्रेम के इस त्रिकोण का दूसरा कोण यह है कि प्रेम में कोई भय नहीं रहता। जो भयवश भगवान् से प्रेम करते हैं, वे मनुष्याधम हैं, उनमें अभी तक मनुष्यता का विकास नहीं हुआ। वे दण्ड के भय से ईश्वर की उपासना करते हैं। उनकी दृष्टि में ईश्वर एक महान् पुरुष हैं, जिनके एक हाथ में दण्ड है और दूसरे में चाबुक। उन्हें इस बात का डर रहता है कि यदि वे उनकी आज्ञा का पालन नहीं करेंगे तो उन्हें कोड़े लगाए जाएँगे। पर दण्ड के भय से ईश्वर की उपासना करना सबसे निम्न कोटि की उपासना है। एक तो, वह उपासना कहलाने योग्य है ही नहीं, फिर भी यदि उसे उपासना कहें तो वह प्रेम की सबसे भद्दी उपासना है। जब तक हृदय में किसी प्रकार का भय है, तब तक प्रेम कैसे हो सकता है? प्रेम, स्वभावतः सब प्रकार के भय पर विजय प्राप्त कर लेता है। उदाहरणार्थ, यदि एक युवती सड़क पर जा रही हो और उस पर कुत्ता भौंक पड़े, तो वह डरकर समीपस्थ घर में घुस जाएगी। परन्तु मान लो, दूसरे दिन वह स्त्री अपने के साथ जा रही है और उसके बच्चे पर शेर झपट पड़ता है तो बताओ, वह क्या करेगी? बच्चे की रक्षा के लिए वह स्वयं शेर के मुँह में चली जाएगी। सचमुच, प्रेम समस्त भय पर विजय प्राप्त कर लेता है। भय इस स्वार्थ पर भावना से उत्पन्न होता है कि मैं दुनिया से अलग हूँ। और जितना ही मैं अपने को क्षुद्र और स्वार्थ पर बनाऊँगा मेरा भय उतना ही बढ़ेगा। यदि कोई मनुष्य अपने को एक छोटा-सा तुच्छ जीवन समझे तो भय उसे अवश्य घेर लेगा। और तुम अपने को जितना ही कम तुच्छ समझोगे, तुम्हारे लिए भय भी उतना कम होगा। जब तक तुममें थोड़ा-सा भी भय है, तब तक तुम्हारे मानस-सरोवर में प्रेम की तरंगे नहीं उठ सकतीं। प्रेम और भय दोनों एक साथ कभी नहीं रह सकते। जो भगवान् से प्रेम करते हैं, उन्हें उनसे डरना नहीं चाहिए। 'ईश्वर का नाम व्यर्थ में न लो' इस आदेश पर ईश्वर का सच्चा प्रेमी हँसता है। प्रेम के धर्म में भगवन्निन्दा किस प्रकार सम्भव है? ईश्वर का नाम तुम जितना ही लोगे, फिर वह किसी भी प्रकार से क्यों न हो, तुम्हारा उतना ही मंगल है। उनसे प्रेम होने के कारण ही तुम उनका नाम लेते हो।

प्रेम-रूपी त्रिकोण का तीसरा कोण यह है कि प्रेम में कोई प्रतिद्वन्द्वी अर्थात् दूसरा प्रेमपात्र नहीं होता, क्योंकि इस प्रेम में प्रेमी का सर्वोच्च आदर्श ही लक्षित रहता है।

प्रकृत प्रेम तब तक नहीं होता, जब तक हमारे प्रेम का पात्र हमारा सर्वोच्च आदर्श नहीं बन जाता। हो सकता है कि अनेक स्थलों में मनुष्य का प्रेम अनुसूचित दिशा में लग जाता हो; पर जो प्रेमी है, उसके लिए तो उसका प्रेमपात्र ही उच्चतम आदर्श है। हो सकता है, कोई व्यक्ति अपना आदर्श सबसे निकृष्ट मनुष्य में देखे और कोई दूसरा, किसी देवमानव में; पर प्रत्येक दशा में वह आदर्श ही है, जिसे सच्चे और प्रगाढ़ रूप से प्रेम किया जाता है। प्रत्येक व्यक्ति के उच्चतम आदर्श को ही ईश्वर कहते हैं। कोई चाहे ज्ञानी हो, चाहे अज्ञानी, साधु हो या पापी, पुरुष हो अथवा स्त्री, शिक्षित हो अथवा अशिक्षित, प्रत्येक दशा में मनुष्यमात्र का परमोच्च आदर्श ईश्वर ही है। सौन्दर्य, महानता और शक्ति के उच्चतम आदर्शों के योग में ही हमें प्रेममय एवं प्रेमास्पद भगवान् का पूर्णतम भाव मिलता है। स्वभावतः ही ये आदर्श किसी-न-किसी रूप में प्रत्येक व्यक्ति के मन में वर्तमान रहते हैं। वे मानों हमारे मन के अंग या अंश विशेष हैं। उन आदर्शों को व्यावहारिक जीवन में परिणत करने के जो सब प्रयत्न हैं, वे ही मानवी प्रकृति की नानाविध क्रियाओं के रूप में प्रकट होते हैं। विभिन्न जीवात्माओं में जो सब भिन्न-भिन्न आदर्श निहित हैं, वे बाहर आकर ठोस रूप धारण करने का सतत प्रयत्न कर रहे हैं, और इसके फलस्वरूप हम अपने चारों ओर समाज में नाना प्रकार की गतियाँ और हलचल देखते हैं। जो कुछ भीतर है, वही बाहर आने का प्रयत्न करता है। आदर्श का यह नित्य प्रबल प्रभाव ही एक ऐसी कार्यकारी शक्ति है, जो मानव-जीवन में सतत क्रियाशील है। हो सकता है, सैकड़ों जन्म के बाद, हज़ारों वर्ष प्रयत्न करने के पश्चात् मनुष्य समझे कि अपना अभ्यन्तरस्य आदर्श बाहरी वातावरण और अवस्थाओं के साथ पूरी तरह मेल नहीं खा सकता। और जब वह यह समझ जाता है, तब बाहरी जगत् को अपने आदर्श के अनुसार गढ़ने की फिर अधिक चेष्टा नहीं करता। तब वह इस प्रकार के सारे प्रयत्न छोड़कर प्रेम की उच्चतम भूमि से, स्वयं आदर्श की आदर्श-रूप से उपासना करने लगता है। यह पूर्ण आदर्श अपने में अन्य सब छोटे-छोटे आदर्शों को समा लेता है।

सभी लोग इस बात की सत्यता स्वीकार करते हैं कि प्रेमी कुरूपता में भी रूप का दर्शन करता है। बाहर के लोग कह सकते हैं कि प्रेम गलत दिशा में जा रहा है-अपात्र

में अर्पित हो रहा है; पर जो प्रेमी है, उसे तो अपने प्रेमास्पद में कहीं कोई कुरूपता दिखायी ही नहीं पड़ती, वह तो उसमें रूप ही रूप देखता है। चाहे रूपवती स्वर्ग की अप्सरा हो, चाहे कुरूप और भोंड़ी स्त्री, वास्तव में हमारे प्रेम के आधार तो मानो कुछ केन्द्र हैं, जिनके चारों ओर हमारे आदर्श घनीभूत होकर रहते हैं। संसार साधारणतः किसकी उपासना करता है?-अवश्य उच्चतम भक्त और प्रेमी के सर्वाविग्राही पूर्ण आदर्श की नहीं। स्त्री-पुरुष साधारणतः उसी आदर्श की उपासना करते हैं, जो उनके अपने हृदय में है। प्रत्येक व्यक्ति अपना-अपना आदर्श बाहर लाकर उसके सम्मुख भूमिष्ठ हो प्रणाम करता है। इसीलिए हम देखते हैं कि जो लोग निर्दयी और खूनी होते हैं, वे एक रक्तपिपासु ईश्वर की ही कल्पना करते तथा उसे भजते हैं, क्योंकि वे अपने सर्वोच्च आदर्श की ही उपासना कर सकते हैं। और वास्तव में वह अन्य लोगों के आदर्श से बहुत भिन्न हैं।

प्रेममय भगवान स्वयं अपना प्रमाण है

जो प्रेमी स्वार्थपरता और भय के परे हो गया है, जो फलाकांक्षाशून्य हो गया है, उसका आदर्श क्या है? वह परमेश्वर से भी यही कहेगा, "मैं, तुम्हें अपना सर्वस्व अर्पण करता हूँ, मैं तुमसे कोई वस्तु नहीं चाहता। वास्तव में ऐसा कुछ भी नहीं है, जिसे मैं अपना कह सकूँ।"

जब मनुष्य इस प्रकार की अवस्था प्राप्त कर लेता है, तब उसका आदर्श पूर्ण प्रेम का आदर्श हो जाता है; वह प्रेमजनित पूर्ण निर्भीकता के आदर्श में परिणत हो जाता है। इस प्रकार के व्यक्ति के सर्वोच्च आदर्श में किसी प्रकार की संकीर्णता नहीं रह जाती-वह किसी विशेष भाव द्वारा सीमित नहीं रहता। वह आदर्श तो सार्वभौमिक प्रेम, अनन्त और असीम प्रेम, पूर्ण स्वतन्त्र प्रेम का आदर्श होता है; यही क्यों, वह साक्षात् प्रेमस्वरूप होता है। तब प्रेम-धर्म के इस महान् आदर्श की उपासना किसी प्रतीक या प्रतिमा के सहारे नहीं करनी पड़ती, वरन् तब तो वह आदर्श के रूप में ही उपासित होता है। इस प्रकार के एक सार्वभौमिक आदर्श की आदर्श-रूप से उपासना सबसे उत्कृष्ट प्रकार की पराभक्ति है। भक्ति के अन्य सब प्रकार तो इस पराभक्ति की प्राप्ति में केवल सोपानस्वरूप हैं। इस प्रेम-धर्म के पथ में चलते-चलते हमें जो सफलताएँ और असफलताएँ मिलती हैं, वे सब-की-सब उस आदर्श की प्राप्ति के मार्ग पर ही घटती हैं-अर्थात् प्रकारान्तर से वे उसमें सहायता ही पहुँचाती हैं। साधक एक के बाद दूसरी वस्तु लेता जाता है और उस पर अपना आभ्यन्तरिक आदर्श प्रक्षिप्त

करता जाता है। क्रमशः ये सारी बाह्य वस्तुएँ इस सतत-विस्तारशील आभ्यन्तरिक आदर्श को प्रकाशित करने के लिए अनुपयुक्त सिद्ध होती हैं और इसलिए स्वभावतः एक-एक करके उनका परित्याग कर दिया जाता है। अन्त साधक समझ जाता है कि बाह्य वस्तुओं में 'आदर्श की उपलब्धि करने का प्रयत्न व्यर्थ है और ये सब बाह्य वस्तुएँ तो आदर्श की तुलना में बिलकुल तुच्छ हैं। कालान्तर में, वह उस सर्वोच्च और सम्पूर्ण निर्विशेष-भावापन्न सूक्ष्म आदर्श को अन्तर में ही जीवन्त और सत्य रूप से अनुभव करने की सामर्थ्य प्राप्त कर लेता है। जब भक्त इस अवस्था में पहुँच जाता है, तब उसमें ये सब तर्क-वितर्क नहीं उठते कि भगवान् को प्रमाणित किया जा सकता है अथवा नहीं, भगवान् सर्वज्ञ और सर्वशक्तिमान हैं या नहीं। उसके लिए तो भगवान् प्रेममय हैं-प्रेम के सर्वोच्च आदर्श हैं, और बस यह जानना ही उनके लिए यथेष्ट है। भगवान् प्रेमरूप होने के कारण स्वतः सिद्ध हैं, वे अन्य किसी प्रमाण की अपेक्षा नहीं रखते। प्रेमी के पास प्रेमास्पद का अस्तित्व प्रमाणित करने के लिए किसी बात की आवश्यकता नहीं। अन्यान्य धर्मों के न्यायकर्ता भगवान् का अस्तित्व प्रमाणित करने के लिए बहुत-से प्रमाणों की आवश्यकता हो सकती है, पर भक्त तो ऐसे भगवान् की बात मन में भी नहीं ला सकता। उसके लिए तो भगवान् केवल प्रेमस्वरूप हैं। "हे प्रिये, कोई भी स्त्री पति से पति के लिए प्रेम नहीं करती, वरन् पति में स्थित आत्मा के लिए ही प्रेम करती है। हे प्रिये, कोई भी पुरुष पत्नी से पत्नी के लिए प्रेम नहीं करता, वरन् पत्नी में स्थित आत्मा के लिए ही प्रेम करता है।" कोई-कोई कहते हैं कि समस्त मानवी कार्यों की एकमात्र प्रेरक शक्ति है स्वार्थपरता। किन्तु वह भी तो प्रेम ही है; पर हाँ, वह प्रेम विशिष्टता के कारण निम्नभावापन्न हो गया है-बस इतना ही। जब मैं अपने को संसार की सारी वस्तुओं में अवस्थित सोचता हूँ, तब निश्चय ही मुझमें किसी प्रकार की स्वार्थपरता नहीं रह सकती। किन्तु जब मैं भ्रम में पड़कर अपने-आपको एक छोटा-सा प्राणी सोचने लगता हूँ, तब मेरा प्रेम संकीर्ण और मर्यादित कर लेना ही हमारा भ्रम है। इस विश्व की सारी वस्तुएँ भगवान् से निकली हैं, अतएव वे सभी हमारे प्रेम के योग्य हैं। पर हम यह सर्वदा स्मरण रखें कि समष्टि को प्यार करने से ही अंशों को भी प्यार करना हो जाता है। यह समष्टि ही भक्त का भगवान् है। अन्यान्य प्रकार के ईश्वर-जैसे, स्वर्ग में रहनेवाले पिता, शास्ता, स्रष्टा-तथा नानाविध मतवाद और शास्त्र-

ग्रन्थ भक्त के लिए कुछ अर्थ नहीं रखते-उसके लिए इन सबका कोई प्रयोजन नहीं; क्योंकि वह तो पराभक्ति के प्रभाव से सम्पूर्णतः इन सबके ऊपर उठ गया है। जब हृदय शुद्ध और पवित्र हो जाता है, तथा दैवी प्रेमामृत से सराबोर हो जाता है, तब ईश्वर-सम्बन्धी अन्य सब धारणाएँ बच्चों की बात-सी प्रतीत होने लगती हैं और वे अपूर्ण एवं अनुपयुक्त समझकर त्याग दी जाती हैं। सचमुच, पराभक्ति का प्रभाव ही ऐसा है! तब वह पूर्णताप्राप्त भक्त अपने भगवान् को मन्दिरों और गिरजों में खोजने नहीं जाता; उसके लिए तो ऐसा कोई स्थान ही नहीं, जहाँ वे न हों। वह उन्हें मन्दिर के भीतर और बाहर सर्वत्र देखता है। साधु की साधुता में और दुष्ट की दुष्टता में भी वह उनके दर्शन करता है; क्योंकि उसने तो उन महिमामय प्रभु को पहले से ही अपने हृदय-सिंहासन में बिठा लिया है और यह जानता है कि वे एक सर्वशक्तिमान एवं अनिर्वाण प्रेमज्योति के रूप में उसके हृदय में नित्य दीप्तिमान हैं और सदा से वर्तमान हैं।

गुरु और शिष्य के लक्षण

अब विचार करना है कि गुरु की पहचान क्या है? सूर्य को प्रकाश में लाने के लिए मशाल की आवश्यकता नहीं होती। उसे देखने के लिए हमें दिया नहीं जलाना पड़ता। जब सूर्योदय होता है तो हम अपने-आप जान जाते हैं कि सूरज उग आया। इसी प्रकार जब हमारी सहायता के लिए गुरु का आगमन होता है तो आत्मा अपने-आप जान लेती है कि उस पर अब सत्य-सूर्य की किरणें पड़ने लगी हैं। सत्य स्वयं ही प्रमाण है-उसे प्रमाणित करने के लिए किसी दूसरी साक्षी की आवश्यकता नहीं, वह स्वप्रकाश है। वह हमारी प्रकृति के अन्तस्तल तक प्रवेश कर जाता है और उसके समक्ष सारी दुनिया उठ खड़ी होती है और कहती है, 'यही सत्य है।' जिन आचार्यों के हृदय में सत्य और ज्ञान सूर्य के समान देदीप्यमान होते हैं, वे संसार में सर्वोच्च महापुरुष हैं और अधिकांश मानव-जाति द्वारा उनकी उपासना ईश्वर के रूप में होती है। परन्तु उनकी अपेक्षा अल्पज्ञानवाले व्यक्तियों से भी हम आध्यात्मिक सहायता ले सकते हैं। पर हममें वह अन्तर्दृष्टि नहीं है, जिससे हम गुरु के सम्बन्ध में यथार्थ विचार कर सकें। अतएव गुरु और शिष्य दोनों के सम्बन्ध में कुछ परख और शर्तें आवश्यक हैं।

शिष्य के लिए यह आवश्यक है कि उसमें पवित्रता, सच्ची ज्ञान-पिपासा और अध्यवसाय हो। अपवित्र आत्मा कभी यथार्थ धार्मिक नहीं होसकती। धार्मिक होने के लिए तन, मन और वचन की शुद्धता नितान्त आवश्यक है। रही ज्ञान-पिपासा की

बात; तो इस सम्बन्ध में यह एक सनातन सत्य है कि जाकर जापर सत्य सनेहू, सो तेहि मिलहि न कछु सन्देहू-हम जो चाहते हैं, वही पाते हैं। जिस वस्तु की हम अन्तःकरण से चाह नहीं करते, वह हमें प्राप्त नहीं होती। धर्म के लिए सच्ची व्याकुलता होना बड़ी कठिन बात है। वह उतना सरल नहीं, जितना हम बहुधा अनुमान करते हैं। धर्म-सम्बन्धी बात सुनना, धार्मिक पुस्तकें पढ़ना-केवल इतने से ही यह न सोच लेना चाहिए कि हृदय में सच्ची पिपासा है। उसके लिए तो हमें अपनी पाशविक प्रकृति के साथ निरन्तर जूझते रहना होगा, सतत युद्ध करना होगा और उसे अपने वश में लाने के लिए अविराम प्रयत्न करना होगा। कब तक? जब तक हमारे हृदय में धर्म के लिए सच्ची व्याकुलता उत्पन्न न हो जाय, जब तक विजय-श्री हमारे हाथ न लग जाय। यह कोई एक या दो दिन की बात तो है नहीं, कुछ वर्ष या कुछ जन्म की भी बात नहीं; इसके लिए सम्भव है, हमें सैकड़ों जन्म तक इसी प्रकार संग्राम करना पड़े। हो सकता है किसी को सिद्धि थोड़े समय में ही प्राप्त हो जाय; पर यदि उसके लिए अनन्त काल तक भी बाट जोहनी पड़े तो भी हमें तैयार रहना चाहिए। जो शिष्य इस प्रकार अध्यवसाय के साथ साधना में प्रवृत्त होता है, उसे सिद्धि अवश्य प्राप्त होती है।

गुरु के सम्बन्ध में यह जान लेना आवश्यक है कि उन्हें शास्त्रों का मर्म-ज्ञान हो। वैसे तो सारा संसार ही बाइबिल, वेद और कुरान पढ़ता है; पर वे तो केवल शब्दराशि हैं, धर्म की सूखी ठठरी मात्र हैं। जो गुरु शब्दाडम्बर के चक्कर में पड़ जाते हैं, जिनका मन शब्दों की शक्ति में बह जाता है, वे भीतर का मर्म खो बैठते हैं। जो शास्त्रों में वास्तविक मर्मज्ञ हैं, वे ही असल में सच्चे धार्मिक गुरु हैं। शास्त्रों का शब्द-जाल एक सघन वन के सदृश है, जिसमें मनुष्य का मन भटक जाता है और रास्ता ढूँढ़े भी नहीं मिल पाता। शब्द-जाल तो चित्त को भटकानेवाला एक महावन है। विचित्र ढंग की शब्द-रचना, सुन्दर भाषा में बोलने के विभिन्न प्रकार और शास्त्र मर्म की नाना प्रकार से व्याख्या करना-ये सब पण्डितों के भोग के लिए ही हैं; इनसे अन्तर्दृष्टि का विकास नहीं होता। जो लोग इन उपायों से दूसरों को धर्म-शिक्षा देते हैं, वे केवल अपना पाण्डित्य प्रदर्शित करना चाहते हैं। उनकी यही इच्छा रहती है कि संसार उन्हें बहुत-बड़ा विद्वान मानकर उनका सम्मान करे। संसार के प्रधान आचार्यों में से कोई भी शास्त्रों की इस प्रकार नानाविध व्याख्या करने के झमेले में नहीं पड़ा। यद्यपि उन्होंने

श्लोकों के अर्थ में खींचातानी नहीं की, वे शब्दार्थ और धात्वर्थ के फेर में नहीं पड़े; फिर भी उन्होंने संसार को बड़ी सुन्दर शिक्षा दी। इसके विपरीत, उन लोगों ने, जिनके पास सिखाने को कुछ भी नहीं, कभी एक आध शब्द को ही पकड़ लिया और उस पर तीन भागों की एक मोटी पुस्तक लिख डाली, जिसमें, उस शब्द की उत्पत्ति कैसे हुई, किसने उस शब्द का सबसे पहले उपयोग किया, वह क्या खाता था, वह कितनी देर सोता था, आदि-आदि-इसी प्रकार की सब निरर्थक बातें भरी हैं।

भगवान श्रीरामकृष्ण एक कहानी कहा करते थे-एक बार दो आदमी किसी बगीचे में घूमने गये। उनमें से एक जिसकी विषय-बुद्धि जरा तेज थी, बगीचे में घूमते ही हिसाब लगाने लगा- 'यहाँ कितने पेड़ आम के हैं, किस पेड़ में कितने आम हैं, एक-एक डाली में कितनी पत्तियाँ हैं, बगीचे की कीमत कितनी हो सकती है... आदि-आदि।' पर दूसरा आदमी बगीचे के मालिक से भेंट करके, एक पेड़ के नीचे बैठ गया और मजे से एक आम गिराकर खाने लगा। अब बताओ तो सही, इन दोनों में कौन ज्यादा बुद्धिमान है? आम खाओ तो पेट भी भरे, केवल पत्ते गिनने और यह सब हिसाब लगाने से क्या लाभ? यह पत्तियाँ और डालें गिनना तथा दूसरों को यह सब बताने का भाव बिलकुल छोड़ दो। यह बात नहीं कि इस सबकी कोई उपयोगिता नहीं; है-पर धर्म के क्षेत्र में नहीं। इन 'पत्तियाँ गिननेवालों' में तुम एक भी आध्यात्मिक महापुरुष नहीं पाओगे। मानव-जीवन के सर्वोच्च ध्येय-मानव की महत्तम गरिमा-धर्म के लिए इतने 'पत्तियाँ गिनने' के श्रम की आवश्यकता नहीं। यदि तुम भक्त होना चाहते हो, तो तुम्हारे लिए यह जानना बिलकुल आवश्यक नहीं कि भगवान श्रीकृष्ण मथुरा में हुए थे या व्रज में, वे करते क्या थे, और जब उन्होंने गीता की शिक्षा दी तो उस दिन ठीक-ठीक तिथि क्या थी। गीता में कर्त्तव्य और प्रेम सम्बन्धी जो उदात्त उदाहरण दिए गए हैं, उनको अपने जीवन में उतारने का प्रयत्न करो-उनकी आवश्यकता हृदय से अनुभव करो। बस यही तुम्हारे लिए आवश्यक है। उसके तथा उसके प्रणेता के सम्बन्ध में अन्य सब विचार तो केवल विद्वान् के आमोद के लिए हैं। वे जो चाहते हैं, करें। हम तो उनके पाण्डित्यपूर्ण विवाद पर केवल 'शान्तिः शान्तिः' कहेंगे और बस 'आम खाएँगे'।

गुरु के लिए दूसरी आवश्यक बात है-निष्पापता। बहुधा प्रश्न पूछा जाता है, 'हम गुरु के चरित्र और व्यक्तित्व की ओर ध्यान ही क्यों दें? हमें तो यही देखना चाहिए कि वे क्या कहते हैं, और बस उसे ग्रहण कर लेना चाहिए।' पर यह बात ठीक नहीं। यदि

कोई मनुष्य मुझे गति-विज्ञान, रसायनशास्त्र अथवा अन्यथा कोई भौतिक विज्ञान सिखाना चाहे, तो उसका चरित्र कैसा भी हो सकता है, क्योंकि इन विषयों के लिए केवल तेज बुद्धि की ही आवश्यकता है; परन्तु अध्यात्मविज्ञान के आचार्य यदि अशुद्धचित्त रहें तो उनमें लेशमात्र भी धर्म का प्रकाश नहीं रह सकता। एक अशुद्धचित्त व्यक्ति हमें क्या धर्म सिखाएगा? अपने तईं आध्यात्मिक सत्य की उपलब्धि करने और दूसरों में उसका संचार करने का एकमात्र उपाय है-हृदय और मन की पवित्रता। जब तक चित्तशुद्धि नहीं होती, तब तक भगवद्दर्शन अथवा उस अतीन्द्रिय सत्ता का आभास तक नहीं मिलता। अतएव गुरु के सम्बन्ध में हमें पहले यह जान लेना होगा कि उनका चरित्र कैसा है; और तब फिर देखना होगा कि वे कहते क्या हैं। उन्हें पूर्णरूप से शुद्धचित्त होना चाहिए, तभी उनके शब्दों का मूल्य होगा, क्योंकि केवल तभी वे सच्चे संचारक हो सकते हैं। यदि स्वयं उनमें आध्यात्मिक शक्ति न हो, तो वे संचार ही क्या करेंगे? उनके मन में आध्यात्मिकता का इतना प्रबल स्पन्दन होना चाहिए, जिससे वह सहज रूप से शिष्य के मन में संचारित हो जाय। वास्तव में गुरु का काम यह है कि वे शिष्य में आध्यात्मिक शक्ति का संचार कर दें, न कि शिष्य की बुद्धिवृत्ति अथवा अन्य किसी शक्ति को उत्तेजित मात्र करें। यह स्पष्ट अनुभव किया जा सकता है कि गुरु से शिष्य में सचमुच एक शक्ति आ रही है। अतः गुरु का शुद्धचित्त होना आवश्यक है।

गुरु के लिए तीसरी आवश्यक बात है-उद्देश्य। गुरु को धन, नाम या यश सम्बन्धी स्वार्थ-सिद्धि के हेतु धर्म-शिक्षा नहीं देनी चाहिए। उनके कार्य तो सारी मानव-जाति के प्रति विशुद्ध प्रेम से ही प्रेरित हों। आध्यात्मिक शक्ति का संचार केवल शुद्ध प्रेम के माध्यम से ही हो सकता है। किसी प्रकार का स्वार्थपूर्ण भाव, जैसे कि लाभ अथवा यश की इच्छा, तुरन्त ही इस प्रेम-रूपी माध्यम को नष्ट कर देगा। भगवान् प्रेमस्वरूप हैं, और जिन्होंने इस तत्त्व की उपलब्धि कर ली है, वे ही मनुष्य को शुद्ध होने और ईश्वर को जानने की शिक्षा दे सकते हैं।

जब देखो कि तुम्हारे गुरु में ये सब लक्षण विद्यमान हैं तो फिर तुम्हें कोई आशंका नहीं, अन्यथा उनसे शिक्षा ग्रहण करना ठीक नहीं; क्योंकि तब साधु-भाव संचरित होने के बदले असाधु-भाव के संचरित हो जाने का बड़ा भय रहता है। अतः इस

प्रकार के खतरे से हमें सब प्रकार से बचना चाहिए। केवल वही, जो शास्त्रज्ञ, निष्पाप, कामगन्धहीन और श्रेष्ठ ब्रह्मवित् है, सच्चा गुरु है।

जो कुछ कहा गया, उससे यह सहज ही मालूम हो जाएगा कि धर्म में अनुराग लाने के लिए, धर्म की बातें समझने के लिए और उन्हें अपने जीवन में उतारने के लिए उपयोगी शिक्षा हम यहाँ-वहाँ, किसी भी ऐरे-गैरे से नहीं प्राप्त कर सकते। 'पर्वत उपदेश देते हैं, कलकल बहनेवाली झरने विद्या बिखेरते जाते हैं और सर्वत्र शुभ-ही-शुभ है'-ये सब बातें कवित्व की दृष्टि से भले ही बड़ी सुन्दर हों; पर जब तक स्वयं मनुष्य में सत्य का बीज अपरिस्फुट भाव में भी नहीं है, तब तक दुनिया की कोई भी चीज उसे सत्य का एक कण तक नहीं दे सकती। पर्वत और झरने किसे उपदेश देते हैं?-उसी मानवात्मा को, जिसके पवित्र हृदय-मन्दिर का कमल खिल चुका है। और उसे इस प्रकार सुन्दर रूप से विकसित करने वाला ज्ञान-प्रकाश सद्गुरु से ही आता है। जब हृदय-कमल इस प्रकार खिल जाता है, तब वह पर्वत, झरने, नक्षत्र, सूर्य, चन्द्र अथवा इस ब्रह्ममय विश्व में जो कुछ है, सभी से शिक्षा ग्रहण कर सकता है। परन्तु जिसका हृदय-कमल अभी तक खिला नहीं, वह तो इन सब में पर्वत आदि के सिवा और कुछ न देख पाएगा। एक अन्धा यदि अजायबघर में जाय, तो उससे क्या होगा? पहले उसे आँखें दो, तब कहीं वह समझ सकेगा कि वहाँ की भिन्न-भिन्न वस्तुओं से क्या शिक्षा मिल सकती है।

गुरु ही धर्म-पिपासु की आँखें खोलनेवाले होते हैं। अतः गुरु के साथ हमारा सम्बन्ध ठीक वैसा ही है जैसा पूर्वज के साथ उसके वंशज का। गुरु के प्रति विश्वास, नम्रता, विनय और श्रद्धा के बिना हममें धर्मभाव पनप ही नहीं सकता। और यह एक महत्त्वपूर्ण बात है कि जिन देशों में गुरु और शिष्य में इस प्रकार का सम्बन्ध विद्यमान है, केवल वहीं असाधारण आध्यात्मिक पुरुष उत्पन्न हुए हैं; और जिन देशों में इस प्रकार के गुरु-शिष्य-सम्बन्ध की उपेक्षा हुई है, वहाँ धर्मगुरु एक वक्ता मात्र रह गया है। गुरु को मतलब रहता है अपनी 'दक्षिणा' से और शिष्य को मतलब रहता है गुरु के शब्दों से, जिन्हें वह अपने मस्तिष्क में ठूंस लेना चाहता है। यह हो गया कि बस दोनों अपना-अपना रास्ता नापते हैं। वहाँ आध्यात्मिकता बिलकुल नहीं के बराबर ही रहता है-न कोई शक्ति-संचार करने वाला होता है और न कोई उसका ग्रहण करने

वाला। ऐसे लोगों के लिए धर्म एक व्यवसाय हो जाता है। वे सोचते हैं कि वे उसे खरीद सकते हैं। ईश्वर करते कि धर्म इतना सुलभ हो जाता! पर दुर्भाग्य, ऐसा हो नहीं सकता।

धर्म ही सर्वोच्च ज्ञान है-वही सर्वोच्च विद्या है। वह पैसों से नहीं मिल सकता और न पुस्तकों से ही। तुम भले ही संसार का कोना-कोना छान डालो, हिमालय, आल्प्स और काकेशस के शिखर पर चढ़ जाओ, अथाह समुद्र का तल भी नाप डालो, तिब्बत और गोबी-मरुभूमि की धूल छान डालो, पर जब, तक तुम्हारा हृदय धर्म को ग्रहण करने के लिए तैयार नहीं हो जाता और जब तक गुरु का आगमन नहीं होता, तब तक तुम धर्म को कहीं न पाओगे। और ये विधाता-निर्दिष्ट गुरु प्राप्त हो जाएँ, तो उनके निकट बालकवत् विश्वास और सरलता के साथ अपना हृदय खोल दो, और साक्षात् ईश्वर-ज्ञान से उनकी सेवा करो। जो लोग इस प्रकार प्रेम और श्रद्धा-सम्पन्न होकर सत्य की खोज करते हैं, उनके निकट सत्यस्वरूप भगवान् सत्य, शिव और सौन्दर्य के अलौकिक तत्त्वों को प्रकट कर देते हैं।

अवतार

जहाँ कहीं प्रभु का गुणगान होता हो, वही स्थान पवित्र है। तो फिर जो मनुष्य प्रभु का गुणगान करता है, वह और भी कितना पवित्र न होगा! अतएव जिनसे हमें आध्यात्मिक शिक्षा प्राप्त होती है, उनके समीप हमें कितनी भक्ति के साथ जाना चाहिए। यह सत्य है कि संसार में ऐसे धर्मगुरुओं की संख्या बहुत थोड़ी है, पर यह बात नहीं कि संसार ऐसे महापुरुषों से कभी शून्य हो जाय। वे तो मानव-जीवन-उद्यान के सुन्दरतम पुष्प हैं और 'अहैतुक दयासिन्धु' हैं। भगवान् श्रीकृष्ण भगवत में कहते हैं, 'मुझे ही आचार्य जानो।' यह संसार ज्यों ही इन आचार्यों से बिलकुल रहित हो जाता है, त्यों ही यह एक भयंकर नरक-कुण्ड बन जाता है और नाश की ओर द्रुत गति से बढ़ने लगता है।

साधारण गुरुओं से श्रेष्ठ एक और श्रेणी के गुरु होते हैं, और वे हैं-इस संसार में ईश्वर के अवतार। वे केवल स्पर्श से, यहाँ तक कि इच्छा मात्र से ही आध्यात्मिकता प्रदान कर सकते हैं। उनकी इच्छा से पतित-से-पतित व्यक्ति भी क्षण-भर में साधु हो जाता है। वे गुरुओं के भी गुरु हैं-नरदेहधारी भगवान् हैं। उनके माध्यम बिना हम अन्य किसी भी उपाय से भगवान् को नहीं देख सकते। हम उनकी उपासना किए बिना रह ही नहीं सकते। और वास्तव में वे ही एकमात्र ऐसे हैं जिनकी उपासना करने के लिए हम बाध्य हैं।

इन नर देहधारी ईश्वरावतारों के माध्यम बिना कोई मनुष्य ईश्वर-दर्शन नहीं कर सकता। जब हम अन्य किसी साधन द्वारा ईश्वर-दर्शन का यत्न करते हैं, तो हम अपने

मन में ईश्वर का एक विचित्र-सा रूप गढ़ लेते हैं और सोचते हैं कि बस यही ईश्वर का सच्चा रूप है। एक बार एक अनाड़ी आदमी से भगवान् शिव की मूर्ति बनाने को कहा गया। कई दिनों के घोर परिश्रम के बाद उसने एक मूर्ति तैयार तो की, पर वह बस बन्दर जैसी थी! इसी प्रकार जब हम भगवान् को उनके असल रूप में उनके निर्गुण, पूर्ण स्वरूप में सोचने का प्रयत्न करते हैं तो हम अनिवार्य रूप से बुरी तरह असफल होते हैं; क्योंकि जब तक हम मनुष्य हैं, तब तक मनुष्य से उच्चतर रूप में हम उनकी कल्पना ही नहीं कर सकते। एक समय ऐसा आएगा, जब हम अपनी मानवी प्रकृति के परे चले जाएँगे, और तब हम उन्हें उनके असली स्वरूप में देख सकेंगे। पर जब तक हम मनुष्य हैं, तब तक हमें उनकी उपासना मनुष्य में और मनुष्य के रूप में ही करनी होगी। तुम चाहे कितनी ही लम्बी-चौड़ी बातें क्यों न करो, कितना भी प्रयत्न क्यों न करो, पर तुम भगवान् को मनुष्य के सिवा और कुछ सोच ही नहीं सकते। तुम भले ही ईश्वर और संसार की सारी वस्तुओं पर विद्धत्तापूर्ण लम्बी-लम्बी वक्तृताएँ दे डालो, बड़े युक्तिवादी बन जाओ और अपने मन को समझा लो कि ईश्वरावतार की ये सब बातें अर्थहीन और व्यर्थ हैं, पर क्षण-भर के लिए सहज बुद्धि से विचार तो करो। इस प्रकार की अद्भुत विचार-बुद्धि से क्या प्राप्त होता है? कुछ नहीं-शून्य, केवल कुछ शब्दों का ढेर! अब भविष्य में जब कभी तुम किसी मनुष्य को अवतार-पूजा के विरुद्ध एक बड़ा विद्वत्तापूर्ण भाषण देते हुए सुनो, तो सीधे उसके पास चले जाना और पूछना कि उसकी ईश्वर-सम्बन्धी धारणा क्या है, 'सर्वशक्तिमान' 'सर्वव्यापी' आदि शब्दों का उच्चारण करने से वह शब्द-ध्वनि के अतिरिक्त और क्या समझता है?-तो देखोगे, वास्तव में वह कुछ नहीं समझता। वह उनका ऐसा कोई अर्थ नहीं लगा सकता, जो उसकी अपनी मानवी प्रकृति से प्रभावित न हो। इस बात में तो उसमें और रास्ता चलने वाले एक अपढ़-गँवार में कोई अन्तर नहीं। फिर भी यह अपढ़ व्यक्ति कहीं अच्छा है, क्योंकि कम-से-कम वह शान्त तो रहता है, वह संसार की शान्ति को तो भंग नहीं करता है, पर वह लम्बी-लम्बी बातें करने वाला व्यक्ति मनुष्य-जाति में अशान्ति और दुःख पैदा कर देता है। धर्म का अर्थ है-प्रत्यक्ष अनुभूति। अतएव इस अनुभूति और थोथी बात के बीच जो विशेष भेद हैं, उसे हमें अच्छी तरह पकड़ लेना चाहिए। आत्मा के गम्भीरतम प्रदेश में हम जो अनुभव करते हैं, वही प्रत्यक्षानुभूति है। इस सम्बन्ध में सहज बुद्धि जितनी अ-सहज (दुर्लभ) है, उतनी और कोई वस्तु नहीं।

हम अपनी वर्तमान प्रकृति से सीमित हो ईश्वर को केवल मनुष्य-रूप में ही देख सकते हैं। मान लो, भैसों की इच्छा हुई कि भगवान् की उपासना करें तो ये अपने स्वभाव के अनुसार भगवान् को एक बड़े भैंसे के रूप में देखेगी। यदि एक मछली भगवान् की उपासना करना चाहे, तो उसे भगवान् को एक बड़ी मछली के रूप में सोचना होगा। इसी प्रकार मनुष्य भी भगवान् को मनुष्य-रूप में ही देखता है। यह न सोचना कि ये सब विभिन्न धारणाएँ केवल विकृत कल्पनाओं से उत्पन्न हुई हैं। मनुष्य भैंसा, मछली-ये सब मानो भिन्न-भिन्न बर्तन हैं; ये सब बर्तन अपनी-अपनी आकृति और जल-धारण-शक्ति के अनुसार ईश्वररूपी समुद्र के पास अपने को भरने के लिए जाते हैं। पानी मनुष्य में मनुष्य का रूप ले लेता है, भैंस में भैंसे का और मछली में मछली का। प्रत्येक बर्तन में वही ईश्वर-रूपी समुद्र का जल है। जब मनुष्य ईश्वर को देखता है, तो वह उन्हें मनुष्य-रूप के अतिरिक्त अन्य किसी रूप में देख ही नहीं सकता और इसलिए हमें मनुष्य-रूप में ही उनकी उपासना करनी पड़ेगी। इसके सिवा अन्य कोई रास्ता नहीं है।

दो प्रकार के लोग ईश्वर की मनुष्य-रूप में उपासना नहीं करते। एक तो नरपुश, जिसे धर्म का कोई ज्ञान नहीं और दूसरे परमहंस, जो मानव-जाति की सारी दुर्बलताओं के ऊपर उठ चुके हैं और जो अपनी मानवी प्रकृति की सीमा के भी उस पार चले गए हैं। उनके लिए सारी प्रकृति आत्मस्वरूप हो गयी है। वे ही भगवान् को उनके असल स्वरूप में भज सकते हैं। अन्य विषयों के समान यहाँ भी दोनों चरम भाव एक-से ही दिखते हैं। अतिशय अज्ञानी और परम ज्ञानी दोनों ही उपासना नहीं करते। नरपुश अज्ञानवश उपासना नहीं करता, और जीवनमुक्त ने तो अपनी आत्मा में परमात्मा का प्रत्यक्ष अनुभव कर लिया है, अतः उनके लिए उपासना की फिर आवश्यकता कहाँ? इन दो चरम भावों के बीच में रहने वाला कोई मनुष्य यदि आकर तुमसे कहे कि वह भगवान् को मनुष्य-रूप में भजनेवाला नहीं है, तो उस पर दया करना। उसे अधिक क्या कहें, वह बस थोथी बकवास करने वाला है। उसका धर्म अविकसित और खोखली बुद्धिवालों के लिए है।

भगवान् मनुष्य की दुर्बलताओं को समझते हैं और मानवता के कल्याण के लिए नर-देह धारण करते हैं। भगवान् श्रीकृष्ण ने अवतार के सम्बन्ध में गीता में कहा है,

'जब-जब धर्म की ग्लानि होती है और अधर्म का अभ्युत्थान होता है, तब-तब मैं अवतार लेता हूँ। साधुओं की रक्षा और दुष्टों के नाश के लिए तथा धर्म की संस्थापना के लिए मैं युग-युग में अवतीर्ण होता हूँ। मूर्ख लोग मुझ जगदीश्वर के यथार्थ स्वरूप को न जानने के कारण मुझ नरदेहधारी की अवहेलना करते हैं।'

भगवान् श्रीरामकृष्ण कहते थे, 'जब एक बहुत-बड़ी लहर आती है तो छोटे-छोटे नाले और गड्ढे अपने-आप ही लबालब भर जाते हैं। इसी प्रकार जब एक अवतार जन्म लेता है तो समस्त संसार में आध्यात्मिकता की एक बड़ी बाढ़ आ जाती है और लोग वायु के कण-कण में धर्मभाव का अनुभव करने लगते हैं।'

मन्त्र

इन अवतारी महापुरुषों के वर्णन के बाद अब हम सिद्ध गुरुओं की चर्चा करेंगे। उन्हें मन्त्र द्वारा शिष्य में आध्यात्मिक ज्ञान का बीजारोपण करना पड़ता है। ये मन्त्र क्या है? भारतीय दर्शन के अनुसार नाम और रूप ही इस जगत् की अभिव्यक्ति के कारण हैं।मानवी अन्तर्जगत् में एक भी ऐसी चित्त वृत्ति नहीं रह सकती, जो नाम-रूपात्मक न हो। यदि यह सत्य हो कि प्रकृति सर्वत्र एक ही नियम से निर्मित हैतो फिर इस नाम रूपात्मकता को समस्त ब्रह्माण्ड का नियम कहना होगा। जैसे मिट्टी के एक पिण्ड को जान लेने से मिट्टी की सब चीजों का ज्ञान हो जाता है, उसी प्रकार इस देह पिण्ड को जान लेने से समस्त ब्रह्माण्ड का ज्ञान हो जाताहै, रूप वस्तु का मानोछिल का है और नाम या भाव भीतर का गुदा। शरीर है रूप और मन या अन्तःकरण है नाम; और वाक्य शक्ति युक्त समस्त प्राणियों में इस नाम के साथ उसके वाचक शब्दों काअभेद्य योग रहता है। मनुष्य के भीतर व्यष्टि-महत्या चित्त में विचार-तरंगें पहले शब्द के रूप में उठती हैं और बाद में वेत दपेक्षास्थूलतर रूप धारण कर लेती हैं।

बृहत् ब्रह्माण्ड में भी ब्रह्मा, हिरण्यगर्भ या समष्टि-महत् ने पहले अपने को नाम के, और बाद में रूप के आकार में अर्थात् इस परिदृश्यमान जगत् के आकार में अभिव्यक्त किया। यह सारा व्यक्त इन्द्रियग्राह्य जगत् रूप है, और इसके पीछे है अनन्त अव्यक्त स्फोट का अर्थ-समस्त जगत् की अभिव्यक्ति का कारण शब्द-ब्रह्म। समस्त नामों अर्थात् भावों का नित्यसमवायवी उपादानस्वरूप यह नित्य स्फोट ही वह शक्ति है, जिससे भगवान् इस विश्व की सृष्टि करते हैं। यही नहीं, बल्कि भगवान् पहले स्फोट-

रूप में परिणत हो जाते हैं और तत्पश्चात् अपने को उससे भी स्थूल इस इन्द्रियग्राह्य जगत् के रूप में परिणत कर लेते हैं। इस स्फोट का एकमात्र वाचक शब्द है 'ॐ'। और चूँकि हम किसी भी उपाय से शब्द को भाव से अलग नहीं कर सकते, इसलिए यह 'ॐ' भी इस नित्य स्फोट से नित्यसंयुक्त है। अतएव समस्त विश्व की उत्पत्ति सारे नाम-रूपों की जननी-स्वरूप इस ओंकार-रूप पवित्रम शब्द से ही मानी जा सकती है। इस सम्बन्ध में यह शंका उत्पन्न हो सकती है कि यद्यपि शब्द और भाव में नित्य सम्बन्ध है तथापि एक ही भाव के अनेक वाचक शब्द हो सकते हैं, इसलिए यह आवश्यक नहीं कि यह 'ॐ' नामक शब्द विशेष ही सारे जगत् की अभिव्यक्ति के कारणस्वरूप भाव का वाचक हो। तो इस पर हमारा उत्तर यह है कि एकमेव यह 'ॐ' ही इस प्रकार सर्वभावव्यापी वाचक शब्द है, अन्य कोई भी उसके समान नहीं। स्फोट ही सारे भावों का उत्पादन है, फिर भी वह स्वयं पूर्ण रूप से विकसित कोई विशिष्ट भाव नहीं है। अर्थात् यदि उन सब भेदों को, जो एक भाव को दूसरे से अलग करते हैं, निकाल दिया जाय तो जो कुछ बचा रहता है, वही स्फोट है। इसीलिए इस स्फोट को 'नादब्रह्म' कहते हैं। अब बात यह है कि इस अव्यक्त स्फोट को प्रकाशित करने के लिए यदि किसी वाचक शब्द का उपयोग किया जाय तो वह शब्द उसे इतना विशिष्ट कर देता है कि उसका फिर स्फोटत्व ही नहीं रह जाता। इसीलिए जो वाचक शब्द उसे सबसे कम विशेषभावापन्न करेगा, पर साथ ही उसके स्वरूप को यथा सम्भव पूरी तरह प्रकाशित करेगा, वही उसका सबसे सच्चा वाचक होगा। और यह वाचक शब्द है एकमात्र 'ॐ' क्योंकि ये तीनो अक्षर अ, उ और म्, जिनका एकसाथ उच्चारण करने से 'ॐ' होता है, समस्त शब्दों के साधारण वाचक के तौर पर लिये जा सकते हैं। अक्षर 'अ' सारे अक्षरों में सबसे कम विशेषभावापन्न है। इसीलिए भगवान् कृष्ण गीता में कहते हैं- "अक्षरों में मैं 'अ' कार हूँ।" स्पष्ट रूप से उच्चारित जितने भी शब्द हैं, उनकी उच्चारणप्रक्रिया मुख में जिह्वा के मूल से आरम्भ होती है और ओठों में आकर समाप्त हो जाती है। 'अ' जिह्वामूल अर्थात् कण्ठ से उच्चारित होता है, और 'म्' ओठों से होनेवाला अन्तिम शब्द है। और 'उ' उस शक्ति का सूचक है, जो जिह्वामूल से आरम्भ होकर मुँह-भर में लुढ़कती हुई ओठों में आकर समाप्त होती है। यदि इस 'ॐ' का उच्चारण ठीक ढंग से किया जाय, तो इससे शब्दोच्चारण की

सम्पूर्ण क्रिया सम्पन्न हो जाती है-दूसरे किसी भी शब्द में यह शक्ति नहीं। अतएव यह 'ॐ' की स्फोट का सबसे उपयुक्त वाचक शब्द है-और यह स्फोट ही 'ॐ' का प्रकृत वाच्य है। और चूँकि वाचक वाच्य से कभी अलग नहीं हो सकता, इसलिए 'ॐ' और स्फोट अभिन्न हैं। फिर, यह स्फोट इस व्यक्त जगत् का सूक्ष्मतम अंश होने के कारण ईश्वर के अत्यन्त निकटवर्ती है तथा ईश्वरीय ज्ञान की प्रथम अभिव्यक्ति है; इसलिए 'ॐ' ही ईश्वर का सच्चा वाचक है। और जिस प्रकार अपूर्ण जीवात्माएँ एकमेव अखण्ड सच्चिदानन्द ब्रह्म का चिन्तन विशेष-विशेष भाव से और विशेष-विशेष गुणों से युक्त रूप में ही कर सकते हैं, उसी प्रकार उसके देहरूप इस अखिल ब्रह्माण्ड का चिन्तन भी साधक के मनोभाव के अनुसार विभिन्न रूप से करना पड़ता है।

उपासक के मन में जब जिस प्रकार के तत्त्व प्रबल होते हैं, तब उसी प्रकार के भाव जागृत होते हैं। फल यह है कि एक ही ब्रह्म भिन्न-भिन्न रूप में भिन्न-भिन्न गुणों की प्रधानता से युक्त दीख पड़ता है और वही एक विश्व विभिन्न रूपों में प्रतिभात होता है। जिस प्रकार अल्पतम विशेषभावापन्न तथा सार्वभौमिक वाचक शब्द 'ॐ' के सम्बन्ध में वाच्य और वाचक का यह अविछिन्न सम्बन्ध भगवान् और विश्व के विभिन्न खण्डभावों पर भी लागू है, अतएव उनमें से प्रत्येक का एक विशिष्ट वाचक शब्द होना आवश्यक है। ये वाचक शब्द ऋषियों की गम्भीरतम आध्यात्मिक अनुभूति से उत्पन्न हुए हैं, और वे भगवान् तथा विश्व के जिन विशेष-विशेष खण्डभावों के वाचक हैं, उन विशेष भावों को यथासम्भव प्रकाशित करते हैं। जिस प्रकार 'ॐ' अखण्ड ब्रह्म का वाचक है, उसी प्रकार अन्यान्य मन्त्र भी उसी परमपुरुष के खण्ड-खण्ड भावों के वाचक हैं। ये सभी ईश्वर के ध्यान और प्रकृत ज्ञान की प्राप्ति में सहायक हैं।

प्रतीक तथा प्रतिमा-उपासना

अब हम प्रतीकोपासना तथा प्रतिमा-पूजन का विवेचन करेंगे। प्रतीक का अर्थ है वे वस्तुएँ, जो थोड़े-बहुत अंश में ब्रह्म के स्थान में उपास्य-रूप से ली जा सकती हैं। प्रतीक द्वारा ईश्वरोपासना का क्या अर्थ है? इस सम्बन्ध में भगवान् रामानुज कहते हैं, "जो वस्तु ब्रह्म नहीं हैं, उसमें ब्रह्मबुद्धि करके ब्रह्म का अनुसन्धान (प्रतीकोपासना कहलाता है)!" भगवान शंकराचार्य कहते हैं, "मन की ब्रह्म-रूप से उपासना करो, यह आध्यात्मिक उपासना है; और आकाश ब्रह्म है, यह आधिदैविक।" मन आभ्यन्तरिक प्रतीक है और आकाश ब्रह्म। इन दोनों की ही उपासना ब्रह्म के रूप में करनी होगी। वे कहते हैं, "इसी प्रकार-'आदित्य ही ब्रह्म हैं, यह आदेश है'

...'जो नाम को ब्रह्म के रूप में भजता है'-इन सब वाक्यों से प्रतीकोपासना के सम्बन्ध में संशय उत्पन्न होता है...।" प्रतीक शब्द का अर्थ है-किसी की ओर जाना, प्रतीकोपासना का अर्थ है-ब्रह्म के स्थान में ऐसी किसी वस्तु की उपासना करना, जो कुछ या अधिक अंशों में ब्रह्म के सदृश हो, पर स्वयं ब्रह्म न हो। श्रुतियों में वर्णित प्रतीकों के अतिरिक्त पुराणों और तन्त्रशास्त्रों में भी प्रतीकों का उल्लेख है। सब प्रकार की पितृ-उपासना और देवोपासना इस प्रतीकोपासना के अन्तर्युक्त की जा सकती है।

अब बात यह है कि एकमात्र ईश्वर की उपासना ही भक्ति है। देव, पितर या अन्य किसी की उपासना भक्ति नहीं कही जा सकती। विभिन्न देवताओं की जो विभिन्न उपासना-पद्धतियाँ हैं, उनकी गणना कर्मकाण्ड में ही की जाती है। उसके द्वारा उपासक को किसी प्रकार के स्वर्ग-भोग के रूप में एक विशिष्ट फल ही मिलता है, उससे न

भक्ति होती है, न मुक्ति। इसीलिए हमें एक बात विशेष रूप से ध्यान में रखनी चाहिए कि जब कभी उपासक दर्शनशास्त्रों के उच्चतम आदर्श परब्रह्म को प्रतीकोपासना द्वारा प्रतीक के स्तर पर नीचे खींच लाता है और स्वयं प्रतीक को ही अपनी आत्मा-अपना अन्तर्यामी समझ बैठता है, तो वह सम्पूर्ण रूप से लक्ष्यभ्रष्ट हो जाता है; क्योंकि प्रतीक वास्तव में कभी भी उपासक की आत्मा नहीं हो सकता। परन्तु जहाँ स्वयं ब्रह्म उपास्य होता है और प्रतीक उसका केवल प्रतिनिधिस्वरूप अथवा उसके उद्दीपन का कारण मात्र होता है-अर्थात् जहाँ प्रतीक के सहारे सर्वव्यापी ब्रह्म की उपासना की जाती है और प्रतीक को प्रतीक मात्र न देखकर उसका जगत्-कारण ब्रह्म के रूप में, चिन्तन किया जाता है, वहाँ उपासना निश्चित रूप से फलवती होती है। इतना ही नहीं बल्कि उपासक का मन जब तक उपासना की प्रारम्भिक या गौणी अवस्था को नहीं पार कर जाता, तब तक तो उसके लिए यह बिलकुल अनिवार्य ही है। अतएव जब किसी देवता या अन्य किसी पुरुष की उपासना उस देवता या पुरुष के रूप में ही की जाती है तो इस प्रकार की उपासना एक कर्म मात्र है। और वह एक विद्या होने के कारण, उपासक उस विशेष विद्या का फल भी प्राप्त करता है। परन्तु जब उस देवता या उस पुरुष को ब्रह्मरूप मानकर उसकी उपासना की जाती है, तो उससे वही फल प्राप्त होता है जो ईश्वरोपासना से। इसी से यह स्पष्ट है कि श्रुतियों और स्मृतियों के अनेक स्थलों में किस प्रकार किसी देवता, महापुरुष अथवा अन्य किसी अलौकिक पुरुष को लिया गया है, और उन्हें उनके देवत्व आदि स्वभाव से ऊपर उठा, उनकी ब्रह्मरूप से उपासना की गयी है। अद्वैतवादी कहते हैं 'नामरूप को अलग कर लेने पर क्या प्रत्येक वस्तु ब्रह्म नहीं है?' विशिष्टाद्वैतवादी कहते हैं, वे प्रभु क्या सबकी अन्तरात्मा नहीं हैं?' शंकराचार्य अपने ब्रह्मसूत्रभाष्य में कहते हैं, "आदित्य आदि की उपासना का फल वह ब्रह्म ही देता, क्योंकि वही सबका नियन्ता है। जिस प्रकार प्रतिमा में विष्णु-दृष्टि आदि करनी पड़ती हैं, उसी प्रकार प्रतीकों में भी ब्रह्म-दृष्टि आदि करनी पड़ती है, अतएव समझना होगा कि यहाँ पर वास्तव में ब्रह्मा की ही उपासना की जा रही है।"

प्रतीक के सम्बन्ध में जो सब बातें कही गयी हैं, वे सब प्रतिमा के सम्बन्ध में भी घटती हैं-अर्थात् यदि प्रतिमा किसी देवता या किसी महापुरुष की सूचक हो तो ऐसी उपासना भक्ति-प्रसूत नहीं है और वह हमें मुक्ति नहीं दे सकती। पर यदि वह उसी एक

परमेश्वर की सूचक हो, तो उस उपासना से भक्ति और मुक्ति-दोनों प्राप्त हो सकती हैं। संसार के मुख्य धर्मों में से वेदान्त, बौद्ध धर्म और ईसाई धर्म के कुछ सम्प्रदाय बिना किसी आपत्ति के प्रतिमाओं का उपयोग करते हैं। केवल इस्लाम और प्रोटेस्टण्ट- येही दो ऐसे धर्म हैं, जो इस सहायता की आवश्यकता नहीं मानते। फिर भी, मुसलमान प्रतिमा के स्थान में अपने पीरों और शहीदों की कब्रों का उपयोग करते हैं। और प्रोटेस्टण्ट लो गधर्म में सब प्रकार की ब्रह्मसहायता कातिर स्कार कर धीरे-धीरे वर्ष-प्रतिवर्ष आध्यात्मिकता से दूर हटते चले जा रहे हैं, यहाँ तक कि, आजकल, अग्रगण्य प्रोटेस्टण्टों और केवल नीतिवादी आगस्ट कोम्टे के शिष्योंतथा अज्ञेय वादियों में कोई भेदन हीं रह गया है। फिर, ईसाई और इस्लाम धर्म में जो कुछ प्रतिमा-उपासना विद्यमान है, वह उसी श्रेणी की है, जिसमें प्रतीक या प्रतिमा की उपासना केव लप्रतीक या प्रतिमा-रूप से होती है- ब्रह्म दृष्टि से नहीं। अतएव वह कर्मानुष्ठान के ही समान है- उससे न भक्ति मिल सकती है, न मुक्ति। इस प्रकार की प्रतिमा-पूजा में उपासक ईश्वर को छोड़ अन्य वस्तुओं में आत्म समर्पण कर देता है और इसलिए प्रतिमा, कब्र, मन्दिर आदि के इस प्रकार उपयोग को ही सच्ची मूर्ति पूजा कहते हैं। पर वह न तो कोई पाप-कर्म है और न कोई अन्याय -वह तो बस एक कर्म मात्र है, और उपासकों को उस का फल अवश्य मिलता है।

इष्टनिष्ठा

अब हम इष्टनिष्ठा के सम्बन्ध में विचार करेंगे। जो भक्त होना चाहता है, उसे यह जान लेना चाहिए कि 'जितने मत हैं, उतने ही पथ।' उसे यह अवश्य जान लेना चाहिए कि विभिन्न धर्मों के भिन्न-भिन्न सम्प्रदाय उसी प्रभु की महिमा की अभिव्यक्तियाँ हैं। "लोग तुम्हें कितने नामों से पुकारते हैं। लोगों ने विभिन्न नामों से तुम्हें विभाजित-सा कर दिया है। परन्तु फिर भी प्रत्येक नाम में तुम्हारी पूर्ण शक्ति वर्तमान है। इन सभी नामों से तुम उपासक को प्राप्त हो जाते हो। यदि हृदय में तुम्हारे प्रति एकान्तिक अनुराग रहे, तो तुम्हें पुकारने का कोई निर्दिष्ट समय भी नहीं। तुम्हें पाना इतना सहज होते हुए भी मेरे प्रभु, यह मेरा दुर्भाग्य ही है, जो तुम्हारे प्रति मेरा अनुराग नहीं हुआ!" इतना ही नहीं, भक्त को यह भी ध्यान रखना चाहिए कि अन्य धर्म-सम्प्रदायों के तेजस्वी प्रवर्तकों के प्रति उसके मन में घृणा उत्पन्न न हो, वह उनकी निन्दा न करे और न कभी उनकी निन्दा सुने ही। ऐसे लोग वास्तव में बहुत थोड़े हैं, जो महान् उदार तथा दूसरों के गुण परखने में समर्थ हों और साथ ही प्रगाढ़ प्रेमसम्पन्न भी हों। बहुधा हम देखते हैं कि उदारभावापन्न सम्प्रदाय अपने धर्मादर्श के प्रति प्रेम की गम्भीरता खो बैठते हैं। उनके लिए धर्म एक प्रकार से सामाजिक और राजनीतिक भावों में रँगी एक समिति के रूप में ही रह जाता है। और दूसरी ओर बड़े ही संकीर्ण सम्प्रदाय के लोग हैं जो अपने-अपने इष्ट के प्रति बड़ी भक्ति प्रदर्शित तो करते हैं, पर उन्हें इस भक्ति का प्रत्येक कण अपने से भिन्न मत-वालों के प्रति केवल घृणा से प्राप्त हुआ है। कैसा अच्छा होता, यदि भगवान् की दया से यह

संसार ऐसे लोगों से भरा होता, जो परम उदार और साथ ही गम्भीर प्रेम सम्पन्न हों! पर खेद है, ऐसे लोग बहुत थोड़े होते हैं! फिर भी हम जानते हैं कि बहुत-से लोगों को ऐसे आदर्श में शिक्षित करना सम्भव है, जिसमें प्रेम की गम्भीरता और उदारता का अपूर्व सामंजस्य हो। और ऐसा करने का उपाय है यह इष्टनिष्ठा। भिन्न-भिन्न धर्मों के भिन्न-भिन्न सम्प्रदाय मनुष्य-जाति के सम्मुख केवल एक-एक आदर्श रखते हैं, परन्तु सनातन वेदान्त धर्म ने तो भगवान् के मन्दिर में प्रवेश करने के लिए अनेकानेक मार्ग खोल दिए हैं और मनुष्य-जाति के सम्मुख असंख्य आदर्श उपस्थित कर दिए हैं। इन आदर्शों में से प्रत्येक उस अनन्तस्वरूप भगवान् की एक अभिव्यक्ति है। परम करुणा के वश हो वेदान्त मुमुक्षु नर-नारियों को वे सब विभिन्न मार्ग दिखा देता है जो अतीत और वर्तमान में तेजस्वी ईश्वर-तनयों या ईश्वरावतारों द्वारा मानव-जीवन की वास्तविकताओं की कठोर चट्टानों से काटे गए हैं; और वह हाथ बढ़ाकर सबका, यहाँ तक कि भविष्य में होने वाले लोगों का भी, उस सत्य और आनन्द के धाम में स्वागत करता है जहाँ मनुष्य की आत्मा मायाजाल से मुक्त हो सम्पूर्ण स्वाधीनता और अनन्त आनन्द में विभोर होकर रहती है।

अतः भक्तियोग हमें इस बात को आदेश देता है कि हम भगवत्प्राप्ति के विभिन्न मार्गों में से किसी के भी पति घृणा न करें, किसी को भी अस्वीकार न करें। फिर भी, जब तक पौधा छोटा रहे, जब तक वह बढ़कर एक बड़ा पेड़ न हो जाय, तब तक उसे चारों ओर से रूद्ध रखना आवश्यक है। आध्यात्मिकता का यह छोटा पौधा यदि आरम्भिक, अपरिपक्व दशा में ही भावों और आदर्शों के सतत परिवर्तन के लिए खुला रहे, तो वह मर जाएगा। बहुत-से लोग 'धार्मिक उदारता' के नाम पर अपने आदर्शों को अनवरत बदलते रहते हैं और इस प्रकार अपनी व्यर्थ की उत्सुकता तृप्त करते रहते हैं। सदा नयी बातें सुनने के लिए लालायित रहना उनके लिए एक बीमारी-सा, एक नशा-सा हो जाता है। क्षणिक स्नायविक उत्तेजना के लिए ही वे नयी-नयी बातें सुनना चाहते हैं, और जब इस प्रकार की उत्तेजना देने वाली एक बात का असर उनके मन पर से चला जाता है, तब वे दूसरी बात सुनने को तैयार हो जाते हैं। उनके लिए धर्म एक प्रकार से अफीम के नशे के समान है और बस उसका वहीं अन्त हो

जाता है। भगवान् श्रीरामकृष्ण कहते थे, *"एक दूसरे भी प्रकार का मनुष्य है, जिसकी उपमा समुद्र की सी पी से दी जा सकती है।सी पी समुद्र की तह छोड़ कर स्वातिनक्षत्र के पानी की एक बूंद लेने के लिए ऊपर उठ जाती है और मुँह खोले हुए सतह पर तैरती रहती है। ज्योंही उसमें उस नक्षत्र का एक बूंद पानी पड़ता है, त्योंही वह मुँह बन्द कर के एक दम समुद्र की तह में चली जाती है और फिर ऊपर नहीं आती। इसी तरह, यह दूसरे प्रकार का तत्त्व पिपासु, विश्वासी साधक गुरु मन्त्र-रूप जल बिन्दु पा कर साधना के अगाध समुद्र में डूब जाता है और तनिक भी इधर-उधर देखता तक नहीं।"*

इष्टनिष्ठा का भाव प्रकट करने के लिए यह एक अत्यन्त हृदस्यपर्शी और आलंकारिक उदाहरण है, और इतनी सुन्दर उपमा शायद ही पहले कभी दी गयी हो। साधक के लिए आरम्भिक दशा में यह एकनिष्ठा नितान्त आवश्यक है। हनुमानजी के समान उसे भी यह भाव रखना चाहिए, "यद्यपि परमात्मदृष्टि से लक्ष्मीपति और सीतापति दोनों एक हैं, तथापि मेरे सर्वस्व तो वे ही कमललोचन श्रीराम हैं।" अथवा हिन्दी के एक सन्त कवि ने जैसा कहा है, "सबके साथ बैठो, सबके साथ मिष्ट भाषण करो, सबका नाम लो और सबसे 'हाँ-हाँ' कहते रहो, पर अपना स्थान मत छोड़ो अर्थात् अपना भाव दृढ़ रखो", उसे भी ऐसा करना चाहिए। तब यदि साधक सच्चे, निष्कपट भाव से साधना करे, तो गुरु के दिए हुए बीज-मन्त्र के प्रभाव से ही पराभक्ति और परम ज्ञानरूप विराट् वटवृक्ष उत्पन्न होकर, सब दिशाओं में अपनी शाखाएँ और जड़े फैलाता हुआ धर्म के सम्पूर्ण क्षेत्र को आच्छादित कर लेगा। तभी सच्चे भक्त को यह अनुभव होगा कि उसका अपना ही इष्टदेवता विभिन्न सम्प्रदायों में विभिन्न नामों और विभिन्न रूपों से पूजित हो रहा है।

भक्ति के साधन

भक्ति-लाभ के उपायों तथा साधनों के सम्बन्ध में भगवान् रामानुज वेदान्त-सूत्रों की टीका करते हुए कहते हैं, "भक्ति की प्राप्ति विवेक, विमोक (दमन), क्रिया (यज्ञादि), कल्याण (पवित्रता), अनवसाद (बल) और अनुद्धर्ष (उल्लस के विरोध) से होती है।" उनके मतानुसार 'विवेक' का अर्थ यह है कि अन्य बातों के साथ ही हमें खाद्यखाद्य का भी विचार रखना चाहिए। उनके मत से, खाद्य वस्तु के अशुद्ध होने के तीन कारण होते हैं- (1) जाति दोष अर्थात् खाद्य वस्तु का प्रकृतिगत दोष, जैसे लहसुन, प्याज आदि; (2) आश्रयदोष अर्थात् दुष्ट और पापी व्यक्तियों के पास आने में दोष; और (3) निमित्तदोष अर्थात् किसी अपवित्र वस्तु, जैसे धूल, केश आदि के संस्पर्श से होनेवाला दोष। श्रुति कहती है, "आहार शुद्ध होने से चित्त शुद्ध होता है और चित्त शुद्ध होने से भगवान् का निरन्तर स्मरण होता है।" यह वाक्य रामानुज ने छान्दोग्य उपनिषद् से उद्धृत किया है।

भक्तों के लिए खाद्यखाद्य का यह प्रश्न सदा ही बड़ा महत्त्वपूर्ण रहा है। यद्यपि अनेक भक्त-सम्प्रदाय के लोगों ने इस विषय में काफी तिल का ताड़ भी किया है, तो भी इसमें एक बहुत-बड़ा सत्य है। हमें यह स्मरण रखना चाहिए कि सांख्यदर्शन के अनुसार सत्त्व, रज और तम-जिनकी साम्यावस्था प्रकृति है और जिनकी वैषम्यावस्था से यह जगत् उत्पन्न होता है-प्रकृति के गुण और उपादान दोनों हैं। अतएव इन्हीं उपादानों से समस्त मानव-देह बनी है। इनमें से सत्त्व पदार्थ की प्रधानता ही अध्यात्मिक उन्नति के लिए सबसे आवश्यक है। हम भोजन के द्वारा अपने शरीर में जिन उपादानों को लेते हैं,

वे हमारे मानसिक गठन पर विशेष प्रभाव डालते हैं। इसलिए हमें खाद्याखाद्य के विषय में विशेष सावधान रहना चाहिए। यह कह देना आवश्यक है कि अन्य विषयों के सदृश इस सम्बन्ध में भी जो कट्टरता शिष्यों द्वारा उपस्थित कर दी जाती है, उसका उत्तरदायित्व आचार्यों पर नहीं है।

वास्तव में खाद्य के सम्बन्ध में यह शुद्धाशुद्ध-विचार गौण है। श्रीशंकराचार्य अपने उपनिषद्-भाष्य में इसी बात का दूसरे प्रकार से विवेचन करते हैं। उन्होंने 'आहार' शब्द की, जिसका अर्थ हम बहुधा भोजन लगाते हैं, एक दूसरे ही प्रकार से व्याख्या की है। उनके मतानुसार "जो कुछ आहृत हो, वही आहार है। शब्दादि विषयों का ज्ञान भोक्ता अर्थात् आत्मा के उपयोग के लिए भीतर आहृत होता है। इस विषयानुभूतिरूप ज्ञान की शुद्धि को आहार-शुद्धि कहते हैं। इसलिए आहार-शुद्धि का अर्थ है-आसक्ति, द्वेष और मोह से रहित होकर विषय का ज्ञान प्राप्त करना। अतएव यह ज्ञान या 'आहार' शुद्ध हो जाने से उस व्यक्ति का सत्त्व पदार्थ अर्थात् अन्तःकरण शुद्ध हो जाता है, और सत्त्वशुद्धि हो जाने से अनन्त पुरुष के यथार्थ स्वरूप का ज्ञान और अविच्छिन्न स्मृति प्राप्त हो जाती है।"

ये दो व्याख्याएँ ऊपर से विरोधी अवश्य प्रतीत होती हैं परन्तु फिर भी दोनों सत्य और आवश्यक हैं। सूक्ष्म शरीर अथवा मन का संयम करना स्थूल शरीर के संयम से निश्चय ही श्रेष्ठ है, परन्तु साथ-ही-साथ सूक्ष्म के लिए स्थूल का भी संयम परमावश्यक है। इसलिए आरम्भिक दशा में साधक को आहारसम्बन्धी उन सब नियमों का विशेष रूप से पालन करना चाहिए, जो उसकी गुरु-परम्परा से चले आ रहे हैं। परन्तु आजकल हमारे अनेक सम्प्रदायों में इस आहारादि विचार की इतनी बढ़ा-चढ़ी है, अर्थहीन नियमों की इतनी पाबन्दी है कि उन सम्प्रदायों ने मानो धर्म को रसोईघर में ही सीमित कर रखा है। उस धर्म के महान् सत्य वहाँ से बाहर निकलकर कभी आध्यात्मिकता के भानुप्रकाश में जगमगा सकेंगे, इसकी कोई सम्भावना नहीं। इस प्रकार धर्म एक विशेष प्रकार का कोरा जड़बाद मात्र है। वह न तो ज्ञान है, न भक्ति और न कर्म, वह एक विशेष प्रकार का पागलपन-सा है। जो लोग खाद्याखाद्य के इस विचार को ही जीवन का सारा कर्तव्य समझे बैठे हैं, उनकी गति ब्रह्मलोक में न होकर पागलखाने में होना ही अधिक सम्भव है। अतएव यह

युक्ति-युक्त प्रतीत होता है कि खाद्याखाद्य का विचार मन की स्थिरतारूप उच्चावस्था लाने में विशेष रूप से आवश्यक है। अन्य किसी भी तरह यह स्थिरता इतने सहज ढंग से नहीं प्राप्त हो सकती।

उसके बाद है 'विमोक' अर्थात् इन्द्रियनिग्रह-इन्द्रियों को विषयों की ओर जाने से रोकना और उनको वश में लाकर अपनी इच्छा के अधीन रखना। इसे धार्मिक साधना की नींव ही कह सकते हैं।

फिर आता है 'अभ्यास', अर्थात् आत्मसंयम और आत्मत्याग का अभ्यास। हम लोग आत्मा में परमात्मा का कितने अद्भुत ढंग से अनुभव और कितने गम्भीर भाव से सम्भोग कर सकते हैं, इसकी भी क्या कोई सीमा है? पर साधक के प्राणपण प्रयत्न से और प्रबल संयम के अभ्यास बिना यह किसी भी तरह कार्य में परिणत नहीं किया जा सकता। 'मन में सदा प्रभु का ही चिन्तन चलता रहे।' पहले-पहल यह बात बहुत कठिन मालूम होती है, पर अध्यवसाय के साथ लगे रहने पर इस प्रकार के चिन्तन की शक्ति धीरे-धीरे बढ़ती जाती है। भगवान् श्रीकृष्ण गीता में कहते हैं, "हे कौन्तेय, अभ्यास और वैराग्य से यह प्राप्त होता है।"

उसके बाद है 'क्रिया' अर्थात् यज्ञ। पंच महायज्ञों का नियमित रूप से अनुष्ठान करना होगा।

'कल्याण' अर्थात् पवित्रता ही एकमात्र ऐसी भित्ति है, जिस पर सारा भक्ति प्रसाद खड़ा है। ब्रह्म शौच और खाद्या विचार-ये दोनों सरल हैं, पर अन्तःशुद्धि बिना उनका कोई मूल्य नहीं। रामानुज ने अन्तःशुद्धि के लिए निम्नलिखित गुणों को उपायस्वरूप बतलाया है:- (1) सत्य, (2) आर्जव अर्थात् सरलता, (3) दया अर्थात् निःस्वार्थ परोपकार, (4) दान, (5) अहिंसा अर्थात् मन, वचन और कर्म से किसी की हिंसा न करना, (6) अनभिध्या अर्थात् परद्रव्यलोभ, वृथा चिन्तन और दूसरे द्वारा किए गए अनिष्ट आचरण के निरन्तर चिन्तन का त्याग। इन गुणों में से अहिंसा विशेष ध्यान देने योग्य है। सब प्राणियों के प्रति अहिंसा का भाव हमारे लिए परमावश्यक है। इसका अर्थ यह नहीं कि हम केवल मनुष्यों के प्रति दया का भाव रखें और छोटे जानवरों को निर्दयता से मारते रहें, और न यही-जैसा कुछ लोग समझते हैं कि हम कुत्ते और बिल्लियों की तो रक्षा करते रहें, चीटियों को शक्कर खिलाते रहें, पर इधर जैसा बने

वैसा अपने मानव-बन्धुओं का गला काटने के लिए बिना किसी झिझक के तैयार रहें। यह एक विशेष ध्यान देने योग्य बात है कि संसार में जितने सुन्दर-सुन्दर भाव हैं, यदि देश, काल और पात्र का विचार न करते हुए, आँखें बन्द कर उनका अनुष्ठान किया जाय, तो वे स्पष्ट रूप से दोष बन जाते हैं। कुछ धार्मिक सम्प्रदायों के मैले-कुचैले साधु इस विचार से कि कहीं उनके शरीर की जुएँ आदि मर न जाएँ, नहाते तक नहीं। परन्तु उन्हें इस बात का कभी ध्यान भी नहीं आता कि ऐसा करने से वे दूसरों को कितना कष्ट देते हैं और कितनी बीमारियाँ फैलाते हैं! वे जो भी हों; पर कम-से-कम वैदिक धर्मावलम्बी तो नहीं है।

अहिंसा की कसौटी है- ईर्ष्या का अभाव। कोई व्यक्ति भले ही क्षणिक आवेश में आकर अथवा किसी अन्धविश्वास से प्रेरित हो या पुरोहितों के छक्के पंजे में पड़कर कोई भला काम कर डाले, अथवा खासा दान दे डाले, पर मानव-जाति का सच्चा प्रेमी तो वह है, जो किसी के प्रति ईर्ष्या-भाव नहीं रखता।बहुधा देखा जाताहै कि संसार में जो बड़े मनुष्य कहे जाते हैं, वे अक्सर एक-दूसरे के प्रति केवल थोड़े-से नाम, कीर्तिया चाँदी के चन्द टुकड़ों के लिए ईर्ष्या करने लगते हैं। जब तक यह ईर्ष्या-भाव मन में रहता है, तब तक अहिंसा-भाव में प्रतिष्ठित होना बहुत दूर की बात है। गाय मांस नहीं खाती, और न भेड़ ही; तो क्या वे बहुत-बड़े योगी हो गए, अहिंसक हो गए? ऐरा-गैरा कोई भी कोई विशेष चीज खाना छोड़ दे सकता है।पर जिस प्रकार घास-फूस खाने वाले जानवरों को कोई विशेष उन्नत नहीं कहा जा सकता, उसी प्रकार वह भी कोई खाद्य विशेष त्याग देने से ही ज्ञानीया उन्नत स्वभाव का नहीं हो जाता। जो मनुष्य निर्दयता के साथ विधवाओं और अनाथ बालक-बालिकाओं को ठग सकता है और जो थोड़े से धन के लिए जघन्य से जघन्य कृत्य करने में भी नहीं हिचकता, वह तो पशु से भी गया-बीता है-फिर चाहे वह घास खाकर ही क्यों न रहता हो। जिसके हृदय में कभी भी किसी के प्रति अनिष्ट विचार तक नहीं आता, जो अपने बड़े-से-बड़े शत्रु की भीउन्नतिपरआनन्दमानताहै, वही वास्तव में भक्त है, वही योगी है और वही सब का गुरु है-फिर भले ही वह प्रति दिन शुअर-मांस ही क्यों न खाता हो! अतएव हमें इस बात का सदैव ध्यान रहना चाहिए कि बाह्य क्रियाएँ आन्तरिक-शुद्धि के लिए सहायक मात्र हैं। जब बाह्य कर्मों के साधन में छोटी-छोटी बातों का

पालन कर ना सम्भव न हो, तो उस समय केवल अन्तःशौच का अवलम्बन करना श्रेयस्कर है ।परधिक्कार है उस व्यक्ति को, धिक्कार है उस राष्ट्र को, जो धर्म के सार को तो भूल जाता है और अभ्यास वश बाह्य अनुष्ठानों को ही कसकर पकड़े रहता है तथा उन्हें किसी तरह छोड़ता नहीं! इन बाह्य अनुष्ठानों की उपयोगिता बस वहीं तक है, जब तकवे आध्यात्मिक जीवन के द्योतक हैं। और जब वे प्राण शून्य हो जाते हैं, जब वे आध्यात्मिक जीवन के द्योतक नहीं रह जाते तो बिना किसी हिचकिचाहट के उन को नष्ट क रदेना चाहिए।

भक्ति योग की प्राप्ति का एक और साधन है 'अनवसाद' अर्थात् बल। श्रुति कहती है, "बलहीन व्यक्ति आत्मलाभ नहीं कर सकता।" इस दुर्बलता का तात्पर्य है-शारीरिक और मानसिक दोनों प्रकार की दुर्बलताएँ। 'बलिष्ठ, द्रढिष्ठ' व्यक्ति ही ठीक-ठीक साधन करने योग्य है। दुर्बल, कृश-शरीर तथा जराजीर्ण व्यक्ति क्या करेगा? शरीर और मन में जो अद्भुत शक्तियाँ निहित हैं, किसी योगाभ्यास के द्वारा यदि वे थोड़ी-सी भी जाग्रत् हो गयीं, तो दुर्बल व्यक्ति तो बिलकुल नष्ट हो जाएगा। 'युवा, स्वस्थकाय, सबल' व्यक्ति ही सिद्ध हो सकता है। अतएव शारीरिक बल नितान्त आवश्यक है। स्वस्थ शरीर ही इन्द्रिय-संयम की प्रतिक्रिया को सह सकता है अतः जो भक्त होने का इच्छुक है, उसे सबल और स्वस्थ होना चाहिए। अत्यन्त दुर्बल व्यक्ति यदि कोई योगाभ्यास आरम्भ कर दे तो सम्भव है, वह किसी असाध्य व्याधि से ग्रस्त हो जाय, अथवा अपना मानसिक बल ही खो बैठे। जान-बूझकर शरीर को दुर्बल कर लेना आध्यात्मिक अनुभूति के लिए कोई अनुकूल व्यवस्था नहीं है।

दुर्बलचित्त व्यक्ति भी आत्मलाभ नहीं कर सकता। जो मनुष्य भक्त होने का इच्छुक है, उसे सदैव प्रसन्नचित्त रहना चाहिए। पाश्चात्य देशों में धार्मिक व्यक्ति वह माना जाता है, जो कभी मुसकराता नहीं, जिसके मुख पर सर्वदा विषाद की रेखा बनी रहती है और जिसकी सूरत लम्बी और जबड़े बैठे-से होते हैं। ऐसे कृश-शरीर और लम्बी सूरत वाले लोग तो किसी हकीम की देख-भाल की चीजें हैं, वे योगी नहीं हैं। प्रसन्नचित्त व्यक्ति ही अध्यवसायशील हो सकता है। दृढ़ संकल्पवाला व्यक्ति हजारों कठिनाइयों में से भी अपना रास्ता निकाल लेता है। इस मायाजाल को काटकर अपना रास्ता बना लेना सबसे कठिन कार्य है और यह केवल प्रबल इच्छा शक्ति-सम्पन्न पुरुष ही कर सकते हैं।

परन्तु साथ-ही-साथ यह भी ध्यान रखना चाहिए कि मनुष्य कहीं अत्यधिक आमोद में मत्त न हो जाय। यही 'अनुद्धर्ष' है। अत्यन्त हास्य कौतुक हमें गम्भीर चिन्तन के अयोग्य बना देता है। उससे मानसिक शक्ति व्यर्थ ही क्षय हो जाती है। इच्छा-शक्ति जितनी दृढ़ होगी, मनुष्य विभिन्न भावों के उतना ही कम वशीभूत होगा। अत्यधिक आमोद उतना ही बुरा है, जितना गम्भीर उदासी का भाव। जब मन सामंजस्यपूर्ण, स्थिर और शान्त रहता है, तभी सब प्रकार की आध्यात्मिक अनुभूति सम्भव होती है।

इन्हीं सब साधनों द्वारा क्रमशः ईश्वर-भक्ति का उदय होता है।

दैवी प्रेम की मानवी विवेचना

प्रेम के इस परमोच्च और पूर्ण आदर्श को मानवी भाषा में प्रकट करना असम्भव है। उच्चतम मानवी कल्पना भी उसकी अनन्त पूर्णता तथा सौन्दर्य का अनुभव करने में असमर्थ है। परन्तु फिर भी सब समय, सारे देशों में, प्रेम-धर्म के उच्च और निम्न-उभय श्रेणी के उपासकों को अपने-अपने प्रेमादर्श का अनुभव और वर्णन करने के लिए इस अपूर्ण मानवी भाषा का प्रयोग करना पड़ा है। इतना ही नहीं, बल्कि भिन्न-भिन्न प्रकार के मानवी प्रेम इस अव्यक्त दैवी प्रेम के प्रतीक-स्वरूप गृहीत हुए हैं। मनुष्य दैवी विषयों के सम्बन्ध में अपने मानवी ढंग से ही सोच सकता है, वह पूर्ण निरपेक्ष सत्ता हमारे समक्ष हमारी सापेक्ष भाषा में ही प्रकाशित हो सकती है। यह सारा विश्व हमारे लिए और है क्या? वह तो मानो 'सान्त' भाषा में लिखा हुआ 'अनन्त' मात्र है। इसीलिए भक्तगण भगवान् और उनकी प्रेमोपासना के सम्बन्ध में उन्हीं शब्दों का प्रयोग करते हैं, जो साधारण मानवी प्रेम के लिए उपयोग में लाए जाते हैं। पराभक्ति के कई व्याख्याताओं ने इस दैवी प्रेम को अनेक प्रकार से समझने और उसका प्रत्यक्ष अनुभव करने की चेष्टा की है।

इस प्रेम के निम्नतम रूप को 'शान्त' भक्ति कहते हैं। जब भगवान् की उपासना के समय मनुष्य के हृदय में प्रेमाग्नि प्रज्वलित नहीं रहती, जब वह प्रेम से उन्मत्त होकर अपनी सुधबुध नहीं खो बैठता, जब उसका प्रेम बाह्य क्रियाकलापों और अनुष्ठानों से कुछ थोड़ा-सा उन्नत एक साधारण-सा प्रेम रहता है, जब उसकी उपासना में प्रबल प्रेम की उन्मत्ता नहीं रहती, तब वह उपासना शान्त भक्ति या यश शान्त प्रेम कहलाती है।

हम देखते हैं कि संसार में कुछ लोग ऐसे होते हैं, जो साधना-पथ पर धीरे-धीरे अग्रसर होना पसन्द करते हैं; और कुछ ऐसे भी लोग हैं, जो आँधी के समान जोर से चले जाते हैं। शान्त भक्त धीर होता है, शान्त और नम्र होता है।

इससे कुछ ऊँची अवस्था है-'दास्य'। इस अवस्था में मनुष्य अपने को ईश्वर का दास समझता है। विश्वासी सेवक की अपने स्वामी के प्रति अनन्य भक्ति ही उसका आदर्श है।

इसके बाद है 'सख्य' प्रेम। इस सख्य प्रेम का साधक भगवान् से कहता है, 'तुम मेरे प्रिय सखा हो।' जिस प्रकार एक व्यक्ति अपने मित्र के सम्मुख अपना हृदय खोल देता है और यह जानता है कि उसका मित्र उसके अवगुणों पर कभी ध्यान न देगा, वरन् उसकी सदा सहायता ही करेगा-उन दोनों में जिस प्रकार समानता का एक भाव रहता है, उसी प्रकार सख्य प्रेम के साधन और उसके सखा भगवान् के बीच भी मानो एक प्रकार की समानता का भाव रहता है। इस तरह भगवान् हमारे अन्तरंग मित्र हो जाते हैं, जिनको हम अपने जीवन की सारी बातें दिल खोलकर बता सकते हैं, जिनके समक्ष हम अपने हृदय के गुप्त-से-गुप्त भावों को भी बिना किसी हिचकिचाहट के प्रकट कर सकते हैं। उनपर हम पूरा भरोसा-पूरा विश्वास रख सकते हैं कि वे वही करेंगे, जिससे हमारा मंगल होगा; और ऐसा सोचकर हम पूर्ण रूप से निश्चिन्त रह सकते हैं। इस अवस्था में भक्त भगवान् को अपनी बराबरी का समझता है-भगवान् मानो हमारे संगी हों, सखा हों। हम सभी इस संसार में मानो खेल रहे हैं। जिस प्रकार बच्चे अपना खेल खेलते हैं, जिस प्रकार बड़े-बड़े राजा-महाराज भी अपना-अपना खेल खेलते हैं, उसी प्रकार वे प्रेम-स्वरूप भगवान् भी इस दुनिया के साथ खेल खेल रहे हैं। वे पूर्ण हैं-उन्हें किसी वस्तु का अभाव नहीं। उन्हें सृष्टि करने की क्या आवश्यकता है? जब हमें किसी वस्तु की आवश्यकता होती है, तभी हम उसकी पूर्ति के लिए क्रियाशील होते हैं, और अभाव का तात्पर्य ही है अपूर्णता। भगवान् पूर्ण हैं-उन्हें किसी बात का अभाव नहीं। तो फिर वे इस नित्य कर्ममय सृष्टि में क्यों लगे हैं? उनका उद्देश्य क्या है? भगवान् के सृष्टि-निर्माण के सम्बन्ध में जो भिन्न-भिन्न कल्पनाएँ हैं, वे किंवदन्तियों के रूप में ही हो सकती हैं, अन्य किसी प्रकार नहीं। सचमुच, यह समस्त उनकी लीला है। यह सारा विश्व उनका ही खेल है-वह तो उनके लिए एक तमाशा है। यदि तुम निर्धन हो तो उस

निर्धनता को ही एक बड़ा तमाशा समझो; यदि धनी हो, तो उस धनीपन को ही एक तमाशे के रूप में देखो। यदि दुःख आए, तो सोचो, वही एक सुन्दर तमाशा है, और यदि सुख प्राप्त हो तो सोचो, यह भी एक सुन्दर तमाशा है। यह दुनिया बस एक खेल का मैदान है, और हम सब यहीं पर नाना प्रकार के खेल-खिलवाड़ कर रहे हैं-मौज कर रहे हैं। भगवान् सारे समय हमारे साथ खेल रहे हैं और हम भी उनके साथ खेलते रहते हैं। भगवान् तो हमारे चिरकाल के संगी हैं-हमारे खेल के साथी हैं। कैसा सुन्दर खेल रहे हैं वे! खेल खत्म हुआ कि कल्प का अन्त हो गया। फिर अल्प या अधिक समय तक विश्राम-उसके बाद फिर से खेल का आरम्भ-पुनः जगत् की सृष्टि! जब तुम भूल जाते हो कि यह सब एक खेल है और तुम इस खेल में सहायता कर रहे हो, तभी दुःख और कष्ट तुम्हारे पास आते हैं; तब हृदय भारी हो जाता है और संसार अपने प्रचण्ड बोझ से तुम्हें दबा देता है। पर ज्यों ही तुम इस दो पल के जीवन की परिवर्तनशील घटनाओं को सत्य समझना छोड़ देते हो और इस संसार को एक क्रीड़ाभूमि तथा अपने-आपको भगवान् की क्रीड़ा में एक सखा-संगी सोचने लगते हो, त्यों ही दुःख-कष्ट चला जाता है। वो तो प्रत्येक अणु-परमाणु में खेल रहे हैं। वे तो खेलते-खेलते ही पृथ्वी, सूर्य, चन्द्र आदि का निर्माण कर रहे हैं। वे तो मानवहृदय, प्राणियों और पेड़-पौधों के साथ क्रीड़ा कर रहे हैं। हम मानो उनके शतरंज के मोहरे हैं। वे मोहरों को शतरंज के खानों में बिठाकर इधर-उधर चला रहे हैं। वे हमें कभी एक प्रकार से सजाते हैं और कभी दूसरे प्रकार से हम भी जाने या अनजाने उनके खेलमें सहायता कर रहे हैं। अहा, कैसा आनन्द है! हम सब उनके खेल के साथी जो हैं!

इसके बाद है 'वात्सल्य' प्रेम। उसमें भगवान् का चिन्तन पिता-रूप से न करके, संतान-रूप से करना पड़ता है। हो सकता है, यह कुछ अजीब-सा मालूम हो, पर उसका उद्देश्य है-अपनी भगवान्-सम्बन्धी धारणा में से ऐश्वर्य के समस्त भाव दूर कर देना। ऐश्वर्य की भावना के साथ ही भय आता है। पर प्रेम में भय का कोई स्थान नहीं। यह सत्य है कि चरित्रगठन के लिए भक्ति और आज्ञापालन आवश्यक हैं, पर जब एक बार चरित्र गठित हो जाता है-जब प्रेमी शान्त-प्रेम का आस्वादन कर लेता है और प्रेमी की प्रबल उन्मत्तता का भी उसे थोड़ा-सा अनुभव हो जाता है, तब उसके

लिए नीतिशास्त्र और साधन, नियम आदि की कोई आवश्यकता नहीं रह जाती। प्रेमी कहता है कि भगवान् को महामहिम, ऐश्वर्यशाली, जगन्नाथ या देवदेव के रूप में सोचने की मेरी इच्छा ही नहीं होती। भगवान् के साथ सम्बन्धित यह जो भयोत्पादक ऐश्वर्य की भावना है, उसी को दूर करने के लिए वह भगवान् को अपनी सन्तान के रूप में प्यार करता है। माता-पिता अपने बच्चे से भयभीत नहीं होते, उसके प्रति उनकी भक्ति नहीं होती। वे उस बच्चे से कुछ याचना नहीं करते। बच्चा तो सदा पानेवाला ही होता है और उसके लिए वे लोग सौ बार भी करने को तैयार रहते हैं। अपने एक बच्चे के लिए वे लोग हजार जीवन भी न्योछावर करने को प्रस्तुत रहते हैं। बस इसी प्रकार भगवान् से वात्सल्यभाव से प्रेम किया जाता है। जो सम्प्रदाय भगवान् के अवतार में विश्वास करते हैं, उन्हीं में यह वात्सल्यभाव की उपासना स्वाभाविक रूप से आती और पनपती है। मुसलमानों के लिए भगवान् को एक सन्तान के रूप में मानना असम्भव है; वे तो डरकर इस भाव से दूर ही रहेंगे। पर ईसाई और हिन्दू से सहज ही समझ सकते हैं, क्योंकि उनके तो बालक ईसा और बालक कृष्ण हैं। भारतीय रमणियाँ बहुधा अपने आपको श्रीकृष्ण की माता के रूप में सोचती हैं। ईसाई माताएँ भी अपने-आपको ईसा की माता के रूप में सोच सकती है। इससे पाश्चात्य देशों में ईश्वर के मातृभाव का प्रचार होगा; इसी की आज उन्हें विशेष आवश्यकता है। भगवान् के प्रति भयभक्ति के कुसंस्कार हमारे हृदय में बहुत गहरे जमे हुए हैं और भगवत्सम्बन्धी इन भय-भक्ति तथा महिमा-ऐश्वर्य के भावों को प्रेम में बिलकुल निमग्न कर देने में बहुत समय लगता है।

मानवी जीवन में प्रेम का यह दैवी आदर्श एक और प्रकार से प्रकाशित होता है। उसे 'मधुर' कहते हैं और वही सब प्रकार के प्रेमों में श्रेष्ठ है। इस संसार में प्रेम की जो उच्चतम अभिव्यक्ति है, वही उसकी नींव है और मानवी प्रेमों में वही सबसे प्रबल है। पुरुष और स्त्री के बीच जो प्रेम रहता है, उसके समान और कौन-सा प्रेम है, जो मनुष्य की सारी प्रकृति को बिलकुल उलट-पलट दे, जो उसकी अपनी प्रकृति को ही भुला दे, और उसे चाहे तो देवता बना दे, चाहे पशु? देवी प्रेम के इस मधुर भाव में भगवान् का चिन्तन पति-रूप में किया जाता है-ऐसा विचार कर कि हम सभी स्त्रियाँ हैं, इस संसार में और कोई पुरुष नहीं, एकमात्र पुरुष हैं-वे; हमारे वे प्रेमास्पद

ही एकमात्र पुरुष है। जो प्रेम पुरुष स्त्री के प्रति और स्त्री पुरुष के प्रति प्रदर्शित करती है, वही प्रेम भगवान् को देना होगा। हम इस संसार में जितने प्रकार के प्रेम देखते हैं, जिनके साथ हम अल्प या अधिक परिणाम में क्रीड़ा मात्र कर रहे हैं, उन सबका एक ही लक्ष्य है और वह है भगवान्। पर दुःख की बात है कि मनुष्य उस अनन्त समुद्र को नहीं जानता, जिसकी ओर प्रेम की यह महान सरिता सतत प्रवाहित हो रही है; और इसलिए अज्ञानवश वह इस प्रेम-सरिता को बहुधा छोटे-छोटे मानवी पुतलों की ओर बहाने का प्रयत्न करता रहता है। मानवी प्रकृति में सन्तान के प्रति जो प्रबल स्नेह देखा जाता है, वह सन्तान-रूपी एक छोटे-से पुतले के लिए ही नहीं है। यदि तुम आँखें बन्द कर उसे केवल सन्तान पर ही न्योछावर कर दो, तो तुम्हें उसके फलस्वरूप दुःख अवश्य भोगना पड़ेगा। पर इस प्रकार के दुःख से ही तुममें यह चेतना जागृत होगी कि यदि तुम अपना प्रेम किसी मनुष्य को अर्पित करो तो उसके फलस्वरूप कभी-न-कभी दुःख कष्ट अवश्य आएगा। अतएव हमें अपना प्रेम उन्हीं पुरुषोत्तम को देनाहोगा, जिनका विनाश नहीं, जिनका कभी परिवर्तन नहीं और जिनके प्रेम-समुद्र में कभी ज्वार-भाटा नहीं। प्रेम को अपने प्रकृत लक्ष्य पर पहुँचना चाहिए-उसे तो उनके निकट जाना चाहिए, जो वास्तव में प्रेम के अनन्त सागर हैं। सभी नदियाँ समुद्र में ही जाकर गिरती हैं। यहाँ तक कि पर्वत से गिरनेवाली पानी की एक बूंद भी, वह फिर कितनी भी बड़ी क्यों न हो, किसी झरने या नदी में पहुँचकर बस वहीं नहीं रुक जाती, वरन् वह भी अन्त में किसी-न-किसी प्रकार समुद्र में ही पहुँच जाती है। भगवान् हमारे सब प्रकार के भावों को एकमात्र लक्ष्य हैं। यदि तुम्हें क्रोध करना है, तो भगवान् पर क्रोध करो। उलाहना देना है, तो अपने प्रेमास्पद को उलाहना दो-अपने सखा को उलाहना दो! भला अन्य किसे तुम बिना डर के उलाहना दे सकते हो? मर्त्य जीवन तुम्हारे क्रोध को न सह सकेगा। वहाँ तो प्रतिक्रिया होगी। यदि तुम मुझपर क्रोध करो तो निश्चित है, मैं तुरन्त प्रतिक्रिया करूँगा, क्योंकि मैं तुम्हारे क्रोध को सह नहीं सकता। अपने प्रेमास्पद से कहो, "प्रियतम, तुम मेरे पास क्यों नहीं आते? तुमने क्यों मुझे इस प्रकार अकेला छोड़ रखा है?" उनको छोड़ भला और किसमें आनन्द है? मिट्टी के छोटे-छोटे लोदों में भला कौन-सा आनन्द हो सकता है? हमें तो अनन्त आनन्द के घनीभूत सार को ही खोजना है-और भगवान् ही आनन्द के वह घनीभूत सार हैं। आओ, हम अपने समस्त

भावों और समस्त प्रवृत्तियों को उनकी ओर मोड़ दें। वे सब तो उन्हीं के लिए हैं। वे यदि अपना लक्ष्य चूक जाएँ, तो वे फिर कुत्सित रूप धारण कर लेंगे। पर यदि वे अपने ठीक लक्ष्यस्थल ईश्वर में जाकर पहुंचे, तो उनमें से अत्यन्त नीच वृत्ति भी पूर्णरूपेण परिवर्तित हो जाएगी। भगवान् ही मनुष्य के मन और शरीर की समस्त शक्तियों के एकमात्र लक्ष्य हैं-एकायन हैं, फिर वे शक्तियाँ किसी भी रूप से क्यों न प्रकट हो। मानव-हृदय का समस्त प्रेम-सारे भाव भगवान् की ही ओर जाएँ। वे ही हमारे एकमात्र प्रेमास्पद हैं। यह मानव-हृदय भला और किसे प्यार करेगा? वे परम सुन्दर हैं, परम महान् हैं-अहा! वे साक्षात् सौन्दर्यस्वरूप है, महत्त्व-स्वरूप है। इस संसार में भला और कौन है, जो उनसे अधिक सुन्दर हो? उन्हें छोड़ इस दुनिया में भला और कौन पति होने के उपयुक्त है? उनके सिवा इस जगत में भला और कौन हमारा प्रेमपात्र हो सकता है? अतः वे ही हमारे पति हों, वे ही हमारे प्रेमास्पद हों। बहुधा ऐसा होता है कि भगवत्प्रेम में छके भक्तगण जब इस भगवत्प्रेम का वर्णन करने जाते हैं, तो इसके लिए वे सब प्रकार के मानवी प्रेम की भाषा को उपयोग मानकर ग्रहण करते हैं। पर मूर्ख लोग इसे नहीं समझते-और वे कभी समझेंगे भी नहीं। वे उसे केवल भौतिक दृष्टि से देखते हैं। वे इस आध्यात्मिक प्रेमोन्मत्तता को नहीं समझ पाते। और वे समझ भी कैसे सकें? "हे प्रियतम, तुम्हारे अधरों के केवल एक चुम्बन के लिए! जिसका तुमने एक बार चुम्बन किया है, तुम्हारे लिए उसकी पिपासा बढ़ती ही जाती है। उसके समस्त दुःख चले जाते हैं। वह तुम्हें छोड़ और सब-कुछ भूल जाता है।" प्रियतम के उस चुम्बन के लिए-उनके अधरों के उस स्पर्श के लिए व्याकुल होओ, जो भक्त को पागल कर देता है, जो मनुष्य को देवता बना देता है। भगवान् जिसको एक बार अपना अधरामृत देकर कृतार्थ कर देते हैं, उसकी सारी प्रकृति बिलकुल बदल जाती है। उसके लिए यह जगत् उड़ जाता है, सूर्य और चन्द्र का कोई अस्तित्व नहीं रह जाता और यह सारा विश्व-ब्रह्माण्ड एक बिन्दु के समान प्रेम के उस अनन्त सिन्धु में न जाने कहाँ विलीन हो जाता है। प्रेमोन्माद की यही चरम अवस्था है। पर सच्चा भगवत्प्रेमी यहाँ पर भी नहीं रुकता; उसके लिए तो पति और पत्नी की प्रेमोन्मत्तता भी यथेष्ट नहीं। अतएव ऐसे भक्त अवैध (परकीय) प्रेमी का भाव ग्रहण करते हैं, क्योंकि वह अत्यन्त प्रबल होता है। पर देखो, उसकी अवैधता उनका लक्ष्य नहीं है। इस प्रेम का स्वभाव ही ऐसा है कि उसे जितनी

बाधा मिलती है, वह उतना ही उग्र रूप धारण करता है। पति-पत्नी का प्रेम अबाध रहता है-उसमें किसी प्रकार की विघ्न-बाधा नहीं आती। इसीलिए भक्त कल्पना करता है, मानो कोई स्त्री परपुरुष में आसक्त है और उसके माता-पिता या स्वामी उसके इस प्रेम का विरोध करते हैं। इस प्रेम के मार्ग में जितनी ही बाधाएँ आती हैं, वह उतना ही प्रबल रूप धारण करता जाता है। श्रीकृष्ण वृन्दावन के कुंजों में किस प्रकार लीला करते थे, किस प्रकार सब लोग उन्मत्त होकर उनसे प्रेम करते थे, किस प्रकार उनकी बाँसुरी की मधुर तान सुनते ही चिर-धन्या गोपियाँ सब-कुछ भूलकर, इस संसार और उसके समस्त बन्धनों को भूलकर, यहाँ के सारे कर्तव्य तथा सुख-दुख को बिसराकर, उन्मत्त-सी उनसे मिलने के लिए छूट पड़ती थी-यह सब मानवी भाषा द्वारा व्यक्त नहीं किया जा सकता! हे मानव, तुम दैवी प्रेम की बातें तो करते हो, पर साथ ही इस संसार की असार वस्तुओं में भी मन दिए रहते हो। क्या तुम सच्चे हो-क्या तुम्हारा मन और मुख एक है? "जहाँ राम हैं, वहाँ काम नहीं, और जहाँ काम है, वहाँ राम नहीं।" वे दोनों कभी एकसाथ नहीं रह सकते-प्रकाश और अन्धकार क्या कभी एक साथ रहे हैं?

उपसंहार

जब प्रेम का यह उच्चतम आदर्श प्राप्त हो जाता है तो ज्ञान फिर न जाने कहाँ चला जाता है। तब भला ज्ञान की इच्छा भी कौन करे? तब तो मुक्ति, उद्धार, निर्वाण की बातें न जाने कहाँ लुप्त हो जाती हैं। इस दैवी प्रेम में छके रहने से फिर भला कौन मुक्त होना चाहेगा? "प्रभो! मुझे धन, जन, सौन्दर्य, विद्या, यहाँ तक कि मुक्ति भी नहीं चाहिए। बस इतनी ही साध है कि जन्म-जन्म में तुम्हारे प्रति मेरी अहैतुकी भक्ति बनी रहे।" भक्त कहता है, "मैं शक्कर हो जानना नहीं चाहता, मुझे तो शक्कर खाना अच्छा लगता है।" तब भला कौन मुक्त हो जाने की इच्छा करेगा? कौन भगवान के साथ एक हो जाने की कामना करेगा? भक्त कहता है? "मैं जानता हूँ कि वे और मैं दोनों एक है, तो भी मैं उनसे अपने को अलग रखकर उन प्रियतम का सम्भोग करूँगा।" प्रेम के लिए प्रेम-यही भक्त का सर्वोच्च सुख है। प्रियतम का सम्भोग करने के लिए कौन न हजार बार भी बद्ध होने को तैयार रहेगा? एक सच्चा भक्त प्रेम को छोड़ और किसी वस्तु की कामना नहीं करता। वह स्वयं प्रेम करना चाहता है, और चाहता है कि भगवान् भी उससे प्रेम करें। उसका निष्काम प्रेम नदी की उलटी दिशा में जानेवाले प्रवाह के समान है। वह मानो नदी के उद्गमस्थान की ओर, प्रवाह की विपरीत दिशा में जाता है। संसार उसको पागल कहता है। मैं एक ऐसे महापुरुष को जानता हूँ, जिन्हें लोग पागल कहते थे। इस पर उनका उत्तर था, "भाइयो, सारा संसार ही तो एक पागलखाना है। कोई सांसारिक प्रेम के पीछे पागल है, कोई नाम के पीछे, कोई यश के लिए, तो कोई पैसे के लिए। फिर कोई ऐसे भी हैं, जो उद्धार पाने या स्वर्ग

जाने के लिए पागल हैं। इस विराट् पागलखाने में मैं भी एक पागल हूँ-मैं भगवान् के लिए पागल हूँ। तुम पैसे के लिए पागल हो, और मैं भगवान् के लिए। जैसे तुम पागल हो, वैसा ही मैं भी। फिर भी मैं सोचता हूँ कि मेरा ही पागलपन सबसे उत्तम है।"

यथार्थ भक्त के प्रेम में इसी प्रकार की तीव्र उन्मत्तता रहती है और इसके सामने अन्य सब कुछ उड़ जाता है। उसके लिए तो यह सारा जगत् केवल प्रेम से भरा है-प्रेमी को बस ऐसा ही दिखता है। जब मनुष्य में यह प्रेम प्रवेश करता है, तो वह चिरकाल के लिए सुखी, चिरकाल के लिए मुक्त हो जाता है। और दैवी प्रेम की यह पवित्र उन्मत्तता ही हममें समायी हुई संसार-व्याधि को सदा के लिए दूर कर दे सकती है। उससे वासनाएँ नष्ट हो जाती हैं और वासनाओं के साथ ही स्वार्थपरता का भी नाश हो जाता है। तब भक्त भगवान् के समीप चला जाता है, क्योंकि उसने उन सब असार वासनाओं को फेंक दिया है, जिनसे वह पहले भरा हुआ था।

प्रेम के धर्म में हमें द्वैतभाव से आरम्भ करना पड़ता है। उस समय हमारे लिए भगवान् हमसे भिन्न रहते हैं, और हम भी अपने को उनसे भिन्न समझते हैं। फिर प्रेम बीच में आ जाता है। तब मनुष्य भगवान् की ओर अग्रसर होने लगता है और भगवान् क्रमशः मनुष्य के अधिकाधिक निकट आने लगते हैं। मनुष्य संसार के सारे सम्बन्ध-जैसे, माता, पिता, पुत्र, सखा, स्वामी, प्रेमी आदि भाव-लेता है। और अपने प्रेम के आदर्श भगवान् के प्रति उन सबको आरोपित करता जाता है। उसके लिए भगवान् इन सभी रूपों में विराजमान हैं। और उसकी उन्नति की चरम अवस्था तो वह है, जिसमें वह अपने उपास्य देवता में सम्पूर्ण रूप से निमग्न हो जाता है। हम सबका पहले अपने तई प्रेम रहता है, और इस क्षुद्र अहंभाव का असंगत दावा प्रेम को भी स्वार्थपर बना देता है। परन्तु अन्त में ज्ञानज्योति का भरपूर प्रकाश आता है, जिसमें यह क्षुद्र अहं उस अनन्त के साथ एक-सा हुआ दीख पड़ता है। इस प्रेम के प्रकाश में मनुष्य स्वयं सम्पूर्ण रूप से परिवर्तित हो जाता है और अन्त में इस सुन्दर और प्राणों को उन्मत्त बना देनेवाले सत्य का अनुभव करता है कि प्रेम, प्रेमी और प्रेमास्पद तीनों एक ही है।